# CARTAS DO REINO ANIMAL
## PARA USO TERAPÊUTICO

Luciana Juhas Maurus

# Cartas do Reino Animal
## PARA USO TERAPÊUTICO

Copyright © 2022 Luciana Juhas Maurus
lucianamaurus@gmail.com

Todos os direitos desta edição são reservados. Proibida a reprodução, armazenamento ou transmissão de partes deste livro, através de quaisquer meios, sem prévia autorização por escrito da autora ou da editora.

**Coordenação Editorial**
Isabel Valle

**Textos e Arte Ilustrações**
Luciana Juhas Maurus

**Edição, Projeto Gráfico e Diagramação**
Andrea Zanardi

**Revisão**
Gabriel Ossian
Claudia Pereira Lima

www.bambualeditora.com.br
conexao@bambualeditora.com.br

# DEDICATÓRIA

Dedico esse livro a você que busca reconexão com a
Mãe Natureza e seus reinos nesse caminho da vida.

Agradeço aos meus guias, mestres,
aos meus ancestrais e, especialmente, a todo Reino Animal
que habita céu, terra e mar neste Planeta Terra.

Com amor e respeito.

# SUMÁRIO

Prefácio ..................................................................... 9
O Reino Animal ...................................................... 11
Como Utilizar as Cartas ......................................... 15

As Cartas

① **Urso** • Sonhar ................................................... 20
② **Libélula** • Encantar ......................................... 22
③ **Serpente** • Transformar ................................. 24
④ **Esquilo** • Organizar ....................................... 26
⑤ **Coelho** • Fertilizar ......................................... 28
⑥ **Tartaruga** • Sustentar .................................... 30
⑦ **Lontra** • Brincar ............................................ 32
⑧ **Coruja** • Intuir ............................................... 34
⑨ **Cisne** • Aceitar .............................................. 36
⑩ **Cavalo** • Poder .............................................. 38
⑪ **Sapo** • Purificar ............................................. 40
⑫ **Falcão** • Enxergar .......................................... 42
⑬ **Águia** • Libertar ............................................ 44
⑭ **Beija flor** • Curar .......................................... 46
⑮ **Búfalo** • Religar ............................................ 48
⑯ **Formiga** • Persistir ....................................... 50
⑰ **Golfinho** • Respirar ...................................... 52
⑱ **Rato** • Ordenar ............................................. 54
⑲ **Raposa** • Espreitar ........................................ 56
⑳ **Cachorro** • Amar .......................................... 58
㉑ **Lobo** • Ensinar ............................................. 60

(22) **Borboleta** • Renascer .................................................... 62
(23) **Corça** • Sutilizar ......................................................... 64
(24) **Baleia** • Recordar ....................................................... 66
(25) **Tatu** • Limitar ............................................................ 68
(26) **Leão** • Liderar ........................................................... 70
(27) **Castor** • Construir ..................................................... 72
(28) **Corvo** • Expressar ..................................................... 74
(29) **Jacaré** • Agir ............................................................. 76
(30) **Escorpião** • Aprofundar .............................................. 78
(31) **Caranguejo** • Dançar ................................................. 80
(32) **Elefante** • Prosperar .................................................. 82
(33) **Macaco** • Alegrar ....................................................... 84
(34) **Tucano** • Desbravar .................................................. 86
(35) **Arara** • Comunicar ..................................................... 88
(36) **Flamingo** • Despertar ................................................. 90
(37) **Peixe** • Multiplicar ..................................................... 92
(38) **Girafa** • Elevar .......................................................... 94
(39) **Gato** • Proteger ......................................................... 96
(40) **Gafanhoto** • Anunciar ................................................ 98
(41) **Abelha** • Polinizar .................................................... 100
(42) **Joaninha** • Surpreender ........................................... 102
(43) **Besouro** • Eternizar ................................................. 104
(44) **Tamanduá** • Farejar ................................................. 106
(45) **Condor** • Transcender .............................................. 108
(46) **Galinha** • Mover ...................................................... 110
(47) **Cervo** • Energizar .................................................... 112
(48) **Doninha** • Observar ................................................. 114
(49) **Onça-pintada** • Confiar ............................................ 116
(50) **Aranha** • Tecer ........................................................ 118

Referências Bibliográficas ..................................................... 120
Sobre a Autora e Ilustradora ................................................. 120

# PREFÁCIO

Nesta minha breve trajetória até aqui, sigo na busca por reconexão com todos os reinos e *habitats* da Natureza, especialmente por meio da Arte. Foi assim que minha relação com o Reino Animal se intensificou nos últimos anos e ouvi um pedido do meu Eu Superior para dar luz a esse projeto. Trata-se de um **oráculo de cartas**, que busca trazer alguns animais muito especiais de uma forma simples que, ao mesmo tempo, enaltece a beleza e as propriedades físicas, biológicas, comportamentais, simbólicas, culturais e, principalmente, espirituais de cada um deles.

Neste trabalho, os animais são retratados como símbolos arquetípicos universais. Os símbolos podem ser compreendidos tanto pela razão quanto pela intuição. A razão é uma ótima ferramenta para avaliar o mundo concreto. Já a intuição nos permite explorar o mundo metafísico, que vai além do que nossos olhos podem compreender. Os símbolos são melhores explorados e compreendidos quando atravessamos esse mundo concreto da razão e usamos nossa intuição. Foi assim que cheguei até aqui!

Quando abrimos um oráculo, qualquer que seja, estamos explorando nossa capacidade intuitiva com cada símbolo ali contido, através da herança dos conhecimentos e vivências de nossa vida. O símbolo traduz a linguagem da alma e, por isso, trago aqui esses animais através de minha ótica intuitiva, com uma pitada de pesquisa. Cada um deles é uma porta que se abre como oportunidade a ser explorada em nosso campo inconsciente no aqui e agora.

Quanto mais avançamos em nossa busca interior e, consequentemente, em nossas curas, mais informações são liberadas para nós. Neste caminho, todas as formas de vida se manifestam a cada momento e precisamos estar com as "antenas ligadas" para ouvi-las. Desta maneira, espero que essas cartas lhes auxiliem a acessar essas informações.

O que nos faz pensar que o Reino Humano é mais do que o Reino Mineral, Vegetal ou Animal?

Somos todos um!

Um abraço afetuoso.

Luciana Juhas Maurus

# O REINO ANIMAL

Pela etimologia da palavra **animal**, temos em latim *anĭmal,ālis* ‹tudo que tem vida›, que é animado; *alimália'*; como adj., o étimo é o adj. lat. *animālis,e* ‹que tem vida›. Desta forma, não podemos nos esquecer de que fazemos parte desse importante Reino da Natureza. Para o estudioso e analista Jung, os animais podem representar um aspecto importante do nosso Self (eu), no que diz respeito aos nossos instintos. Segundo a Sabedoria Druídica,[1] o Reino Animal habita e permeia os três "Mundos", também chamados de Reinos existentes no planeta Terra. São eles:

1) O **Mundo de Cima**, também conhecido como o Reino do Céu: está sobre nossa cabeça e nos oferece o Sol, a Lua, as estrelas e as chuvas que fertilizam a terra. Representa a luz, o calor, a inspiração e os Mestres e Deuses da criação;

2) O **Mundo do Meio**, também conhecido como Reino da Terra: está sob nossos pés e nos dá o alimento, nos abriga e faz tudo crescer – são as raízes fortes das árvores. Representa o solo, os campos e os Espíritos da Natureza.

3) O **Mundo de Baixo**, também conhecido como Reino do Mar: está em nós, é a água que sacia a sede e nos dá a vida – sem a água tudo perece e morre. Representa o Portal para o Outro Mundo, os seres feéricos,[2] o mar e os Ancestrais.

---

[1] Os druidas foram pessoas que viveram na Europa Antiga, mais especificamente nas regiões do Reino Unido, França, Espanha e Portugal. Estes povos desempenhavam diversas funções intelectuais e divinas dentro da sociedade celta.

[2] O termo "feérico" vem do francês "féérique" que, por sua vez, vem de "fée" que significa FADA. Portanto, "feérico" seria "como num conto de fadas", ou seja: mágico, sobrenatural, fantástico, inimaginável.

Essa classificação é pouco conhecida nos meios acadêmicos atuais, porém, fortemente conhecida entre os povos antigos da Terra, como os celtas, os druidas e os xamãs. Esses três Mundos estabelecem uma divisão organizada do Cosmos, como algo imutável e duradouro, que está impregnado nas lendas, mitos[3] e folclores dessas diversas culturas existentes no planeta.

Paralelamente a tudo isso, nós humanos evoluímos junto com as demais espécies animais e com elas aprendemos a mudar nosso olhar para o mundo em que vivemos ao longo da história. As pinturas gravadas nas pedras são testemunhas da longevidade e profundidade dessa relação. Nelas também é possível percebermos a relação entre o Homem e o Sagrado. São as primeiras manifestações do entendimento do Sagrado e do Divino.

Manifestações desse tipo, recentemente encontradas, como as pinturas rupestres do Complexo de Cavernas de Lascaux, descobertas em 1994, no sudoeste da França, nos faz perceber o quanto esse passado ainda se faz tão presente em nossas vidas e como essa relação se faz urgente ser resgatada. As pinturas dispostas na caverna representam bovídeos, cervos, cabras selvagens, felinos, entre outros animais, o que nos permite pensar que se trata de um santuário.

Todo homem e mulher tem dentro de si o arquétipo[4] do Homem e da Mulher Selvagem. Resgatar e desenvolver esse arquétipo nos dias de hoje é uma questão de sobrevivência para nossa espécie. A conexão com o planeta é ativada quando estamos em contato com esse importante arquétipo.

No Reino Animal, quando observamos a diferença entre as diversas espécies de animais, como cavalos, felinos, lobos, elefantes, golfinhos etc., percebemos o quão inspirador pode ser entender que cada forma foi cria-

---

[3] Lenda ou história de um povo ou cultura.

[4] Conceito definido pelo analista Carl Jung como correspondente a ideia de alma, espírito, Deus, saúde, força corporal, fertilidade, poder mágico, influência, poder, respeito, remédio, bem como certos estados de afetos. São formas ou imagens de âmbito coletivo, que se manifestam em todos os seres humanos como constituintes dos mitos e, ao mesmo tempo, como produtos individuais de origem inconsciente. No entanto, o arquétipo não é apenas um protótipo, mas também uma manifestação processual-dinâmica. Todas as manifestações da vida repousam na base arquetípica, em níveis biológico, psicofísico ou espiritual.

da para um propósito particular. O Universo é um só. Não só o nosso planeta, mas todo o Cosmos é uma criação viva que se expande constantemente. Alguns animais como, por exemplo, a tartaruga, a lontra e o sapo, permeiam entre a água e a terra. Em contraponto, animais de chifre representam a conexão entre o céu e a terra. Por isso, muitos xamãs usam capacetes com chifres para realizar essa comunhão sagrada em seus rituais. Assim como todas as aves estão ligadas ao céu e aos mundos superiores e invisíveis.

A simbologia animal está fortemente presente em diversos oráculos à nossa disposição. Segundo Leo Artese, na **Astrologia**, a própria palavra Zodíaco, significa **A Roda** ou **Caminho dos Animais**. *Áries* ou *Carneiro* é o impulso, o início, corresponde à atividade, à busca da identidade individual. *Touro*, a estabilidade e a busca do valor e do sentido. *Gêmeos*, muito embora não seja uma figura animal, é representado também por Rômulo e Remo, alimentados por uma Loba. Seu regente, Mercúrio, que tem asas em seus tornozelos, e leva nas mãos o Caduceu, sobre o qual se elevam duas Serpentes Aladas, simbolizando a versatilidade e a busca da variedade. *Câncer* ou *Caranguejo* é a devoção, a emoção, a fonte do sentimento da Mãe Primordial. *Leão* traz o magnetismo, a vitalidade, a busca do ser e da totalidade. *Virgem* está associada ao Unicórnio e também a uma Sereia, a um Anjo ou a Deméter, Diana, a deusa dos animais, a praticidade, a busca da análise. *Libra*, também associada na Astrologia esotérica com a Deusa Hathor, que vivia sob a forma de uma leoa (ou vaca), representa a harmonia, a busca da alma gêmea. *Escorpião*, também associado a águia e a serpente, nos diz sobre a intensidade, a busca da transformação. *Sagitário*, o Centauro, corresponde à integração da natureza animal e da natureza humana, visualização e a busca da sabedoria. *Capricórnio*, o cabrito, simboliza a ambição, a busca dos objetivos. *Aquário*, seu glifo de duplo sinal, representa duas serpentes horizontais ou ouroboros, a serpente que morde a própria cauda, está associado à imaginação e à busca da comunidade, além do eterno retorno, a espiral da evolução, a dança sagrada de morte e reconstrução. *Peixes*, a compreensão e a busca da paz.

Os animais retratados neste oráculo foram intuitivamente selecionados e representados através de seus comportamentos e estilos de vida. Os

13

aspectos mais cotidianos e primitivos de cada um deles foram trazidos de forma simples, corroborando com o que a Lei da Natureza nos apresenta hoje dentro da evolução das espécies, e no que temos conhecimento através da existência humana.

Seguem abaixo algumas referências importantes do presente trabalho através de citações emblemáticas desses autores em torno do nosso tema.

**Jamie Sams & David Carson**
"É possível encontrar animais que se comunicam com você de modo mais particular através do poder. Estes animais podem lhe ensinar segredos de cura especiais e podem chamá-lo para que você os acompanhe na Dimensão dos Sonhos."

**Roselle Angwin**
"Os animais, representativos de nossa natureza instintiva, são auxiliares, animais poderosos e aliados, guias e mensageiros e, às vezes, guardiões e juízes. Mesmo quando seu significado ou mensagem não são evidentes, sua presença numa história ou num sonho não é acidental nem incidental; eles estão ali por alguma razão, devendo ser analisados."

**Ted Andrew**
"O mundo animal tem muito para nos ensinar. Alguns animais são peritos em sobrevivência e adaptação, outros nos dão força e coragem, outros nos ensinam a brincar e a nos divertir."

Desejo que esta ferramenta possa lhe auxiliar nos despertares do caminho, uma nova possibilidade neste momento de sua vida. Que possa lhe trazer reflexões sobre quais as Leis da Natureza ainda não foram assimiladas em seu inconsciente.

Que seja Luz!

# COMO UTILIZAR AS CARTAS

Existe uma sutil diferença entre oráculo e tarô. O oráculo pode ser qualquer ferramenta para percepção de mensagens do inconsciente como runas, búzios, leitura de folhas de chá, cartas, entre outros métodos de conexão. Quando materializado por meio das cartas, como é o caso desta obra, os oráculos não possuem significados fechados. Sua interpretação depende primordialmente da intuição e do arcabouço de conhecimentos de quem o consulta. O tarô é, portanto, um tipo de oráculo. Ele se materializa por meio dos Arcanos maiores e menores, que possuem significados correspondentes e uma organização mais estruturada. Apesar de existirem diversos tipos de tarô, eles normalmente seguem os arquétipos do "Tarô de Marselha", por isso, todo tarô é um oráculo, mas nem todo oráculo é um tarô.

O mais importante é compreender que o único momento existente é o presente e que todos esses métodos e ferramentas apenas indicam as tendências que o inconsciente aponta no momento. Portanto, como seres co-criadores da nossa realidade e em constante mudança, podemos sempre direcionar o futuro para onde queremos através de nosso livre arbítrio. Desta forma, sugiro que você os busque como forma de receber mensagens que seu Eu Superior quer te passar, para esclarecer questões que te afligem e pedir a orientação de energias que precisam ser trabalhadas antes de algum ritual ou os desafios que se apresentarão. Enfim, o que o seu coração sentir, mas sem se enrijecer ou se tornar dependente de um intermediário para se comunicar com seu Eu Superior.

Meu convite é que, antes de cada tiragem, você direcione uma intenção bem clara, seja para você ou tirando para alguém. Invoque seu Eu Superior ou o da pessoa e peça que Ele o guie do início ao final da consulta. É importante salientar que haja o consentimento da outra pessoa, caso assim seja feita a consulta. Feito isso, você pode embaralhar as cartas e dispô-las em leque à sua frente. Abaixo, listei algumas sugestões de tiragem para você.

## UMA CARTA, UMA VERDADE!

Após definir bem claramente sua intenção, escolha uma carta e vá se despindo de suas carapaças internas, se coloque no lugar primordial deste animal. Você pode realizar essa tiragem semanalmente, mensalmente ou sempre que sentir necessidade dessa conexão com o Reino Animal. Permita-se essas reflexões diante deste momento:
1. O que este animal quer me mostrar?
2. Como posso sair dessa situação?
3. Como ele se comportaria nesta situação?
4. Você verá que ele tem algo a lhe dizer, ensinar, mostrar...

## PAI CÉU E MÃE TERRA

Você pode utilizar essa tiragem quando precisar encontrar o equilíbrio interno entre seus aspectos do feminino e do masculino. Para consultar, basta pegar uma carta com a mão direita, sendo a carta referente ao aspecto masculino e a outra carta com a mão esquerda, sendo a carta referente ao aspecto feminino. Observe a correspondência entre elas ou até mesmo a ausência de conexão. Desta forma, você vai perceber os aspectos que precisam ser vigiados e aperfeiçoados para que você possa retomar o equilíbrio perfeito entre essas duas polaridades de sua personalidade.

## PASSADO, PRESENTE E FUTURO

Você também pode consultar as cartas para obter informações genéricas sobre o seu destino de vida, sendo capaz de vislumbrar: um caminho já trilhado através da 1ª carta – PASSADO; aquele que está trilhando no momento PRESENTE – 2ª carta; e o que percorrerá no FUTURO – 3ª carta. Ao final da tiragem, observe a correlação com seu passado, presente e futuro, respectivamente. Medite e agradeça.

# USO EM TRABALHOS TERAPÊUTICOS E COLETIVOS

Esse método é sugerido para aqueles que trabalham com grupos terapêuticos.

1. Disponha o grupo em roda e abra os trabalhos com uma breve oração de abertura pedindo a permissão e presença do Eu Superior de cada pessoa presente.
2. Inicie um meditação para alinhamento da intenção de cada integrante.
3. Embaralhe as cartas e as disponha no centro da roda.
4. Peça que cada um tire uma carta e reflita sobre ela.
5. Com a ajuda de um instrumento chamado "bastão da fala", peça que cada integrante compartilhe com o grupo o animal que se apresentou e sua possível relação com ele.
6. Caso haja tempo, você também pode adotar técnicas artísticas simples como: desenhar e pintar o animal com lápis de cor ou canetinhas, aquarela, tintas guache, etc. e, desta forma, as pessoas terão uma lembrança eternizada da experiência.
7. Feche os trabalhos com uma meditação final e oração de agradecimento às presenças e a todo o Reino Animal.

## PARA TRABALHOS XAMÂNICOS

Logo abaixo, temos uma classificação geral adotada pelos Povos Originários ou Povos da Terra para denominar os animais aliados que nos acompanham ao longo de nossa Jornada, de forma mais intensa e presente.

**Totem**[5]

É o animal sagrado ao qual pertence um clã[6] / grupo / tribo / família planetária na Terra.

---

[5] Animal, planta ou objeto que serve como símbolo sagrado de um grupo social (clã, tribo) e é considerado como seu ancestral ou divindade protetora.

[6] Clã é um conjunto de famílias que se presumem ou são descendentes de ancestrais comuns.

### Animal de Poder
É o único que nos acompanha por toda a vida, em todas nossas encarnações, carregando a sabedoria ancestral. Ele representa o seu poder interno, o seu Eu Sou. É uma forte energia, que quando aprendemos a identificá-la, podemos obter conhecimento sobre momentos difíceis que enfrentaremos e a forma de lidar com a vida para nos mantermos sempre fortes e inabaláveis perante qualquer situação.

### Animal de Cura
Ele representa nossas habilidades, dons e talentos que estão à serviço da natureza, e auxilia na nossa cura e na cura das pessoas que se aproximam de nós. Essa habilidade vem sendo adquirida através dos ensinamentos e experiências do tempo, de diversas vidas. É o animal de proteção e aquele que sustenta nossa ligação espiritual do corpo físico atual com a nossa verdadeira existência nos planos superiores.

### Animal de Sombra
Animal sombra é o símbolo que representa o aspecto mais sombrio de uma pessoa. Ele não é algo negativo, no entanto, não podemos negá-lo. Este animal representa uma força bruta que recebemos da Mãe Terra e, quando o aceitamos e permitimos que a Luz o invada, conseguimos uma importante transformação do nosso ser. É através dele que adquirimos a nossa mais pura evolução, porque não há pessoa que não possua seu lado luz e seu lado sombra.

### Animal Mestre
É o animal que representa nossa luz interior e força espiritual, nosso guia espiritual. Ele traz o poder da resolução e nos ajuda a enxergar além das limitações físicas e pessoais, buscando no divino uma forma de ver e compreender os acontecimentos da vida. É um conselheiro sábio, que busca na essência da vida as mais plausíveis respostas para nosso entendimento.

Aqui é importante salientar que para saber quais são seus animais xamânicos correspondentes conforme lista acima, não basta apenas tirar uma carta no oráculo. É preciso ter uma conexão mais forte com eles através de outras vivências e experiências de vida. A cada oportunidade de conexão estabelecida com o Reino Animal, seja por meio do contato com natureza, seja por meio deste oráculo ou qualquer outro, você será capaz de discernir essas conexões entre reinos e forças espirituais com maior determinação e clareza.

Boas consultas!

## ① URSO ‧ SONHAR

O Urso é, definitivamente, conhecido e marcado no inconsciente coletivo como o animal que hiberna no inverno. No entanto, ele tem hábitos surpreendentes quando não está no período de hibernação. Um deles é quando o vemos, por meio dos desenhos infantis, se lambuzando com um favo de mel. Mas, será que ele tem mesmo esse hábito? Sim! Ele sai em busca da doçura, buscando-o nos buracos das árvores durante a primavera. Na verdade, os Ursos vagam em seu território no período entre a primavera e o inverno em busca de alimentos, pois vivem dessas reservas de gordura no período de hibernação durante o inverno. No final da estação, o Urso já formou uma camada de gordura de aproximadamente 15 centímetros. O tecido gorduroso não lhe serve apenas como reserva de energia para o período em que o animal dormirá, mas também é um isolante térmico, o segredo da manutenção de calor no corpo. Obeso após tanta comilança, o Urso procura um lugar para a temporada de inverno, que nem sempre é a tradicional caverna. Sua dieta abrange vários tipos de alimentos, incluindo mariposas, larvas, frutas silvestres, pequenos roedores e grandes animais, como cervos e alces. Quando hibernam, sua temperatura corporal cai cerca de 4°C para economizar energia, e o ritmo da respiração e batimentos cardíacos também diminuem. Eles são também exímios nadadores.

Segundo os povos ancestrais da Terra, o Urso é o Guardião da Direção Oeste e, por viver solitariamente, está correlacionado ao arquétipo do Eremita. Tudo isso nos faz refletir que precisamos passar por esses períodos de quietude interior para encontrar o equilíbrio para as próximas estações do caminho. O vazio proporcionado por esse estado é o local onde residem as soluções para os nossos problemas mais insolúveis. Todo ser humano tem a capacidade de aquietar a mente, de buscar esse silêncio interior para encontrar as respostas para todas as perguntas que existam neste momento de sua vida. Mas, antes de tudo, saiba formular bem as perguntas.

A morada do Urso em sua caverna também nos remete a refletir sobre os nossos sonhos. Pense que ela é a morada dos sonhos e aproveite para se deleitar neles. Como? Sabe aquele estado de vigília que ficamos entre o sono e quando estamos acordados? Esse espaço é chamado de campo onírico[7] e pode nos surpreender com grandes mensagens que, em dado momento, lhe farão sentido. Quando voltar a seu estado de consciência fique com a mensagem e lição que ele te ensinou, anotando tudo em seu caderno de cabeceira.

Frase para reflexão:

*"Na caverna que você tem medo de entrar, está o tesouro que você procura."*

JOSEPH CAMPBELL

---

[7] Tudo que está relacionado ou faz referência aos sonhos, às fantasias e ao que não pertence ao chamado "mundo real".

## ② LIBÉLULA · ENCANTAR

A Libélula, com suas asas iridescentes, nos remetem a um ar de magia e a uma ligação com o mundo encantado das fadas. A Libélula traz o poder da comunicação com o mundo dos elementais – composto por uma miríade de pequenos espíritos da natureza, presentes nas plantas, na terra, no fogo, na água e no ar. Por isso, elas simbolizam leveza, iluminação, ilusão e mudanças.

Algumas lendas afirmam que a Libélula já foi Dragão um dia, com escamas coloridas similares àquelas encontradas em suas asas. Foi seu hálito de fogo que trouxe para nosso mundo a arte da magia e a ilusão de mudar de forma. Todavia, chegou o dia em que o Dragão sucumbiu à própria ilusão, perdeu seus poderes mágicos e, então, não pôde mais retornar a sua forma primordial.

Se elas sobrevoaram suas cartas hoje, isso é um sinal de estar entrando no mundo encantado das fadas, onde tudo é possível. No entanto, cuidado com as ilusões desse caminho! Será que você não anda esquecendo-se de regar seu jardim? Use de sua inteligência e intuição para remover as ilusões de seu caminho e busque sua verdadeira essência para dar maior sentido a sua vida neste momento. Talvez você precise avaliar e rever padrões de comportamentos para evoluir e avançar. Lembre-se de que ela é associada ao Elemento Ar, ou seja, ao campo dos pensamentos e ao Mundo

Superior. Por isso, peça ajuda a elas para encontrar sua verdadeira Luz e espalhá-la ao mundo com suas asas mágicas.

Frase para reflexão:

> *"A única forma de chegar ao impossível é acreditar que é possível."*
>
> LEWIS CARROLL,
> EM "ALICE NO PAÍS DAS MARAVILHAS"

## ③ SERPENTE ‣ TRANSFORMAR

A Serpente é amplamente representada em diversas culturas e eras por estar associada à energia primeva e crua da terra. Desta forma, é intimamente ligada à energia Kundalini, que gera o Fogo do Espírito, que possui o conhecimento e a sabedoria sagrada para combater as energias malignas rumo à iluminação, ela se encontra nas representações de divindades e seres iluminados como Shiva e também, no Egito Antigo, junto às coroas dos Faraós. Serpentes envolviam os seguidores de Hermes[8] – Mercúrio para os romanos –, como forma de alcançar o mundo divino, através do símbolo do Caduceu, que é um bastão em torno do qual se entrelaçam duas Serpentes e cuja parte superior é adornada com asas. Representam o número oito e são o símbolo do equilíbrio entre as forças antagônicas, caracterizando também o eterno movimento cósmico, base de regeneração e de infinito. Esses símbolos são utilizados pelo Comércio e pela Medicina.

---

[8] Hermes Trismegisto (em latim: Hermes Trismegistus – "Hermes, o três vezes grande") era um legislador egípcio e filósofo, que viveu na região de Ninus por volta de 1330 a.C. ou antes desse período; a estimativa é de 1500 a.C a 2500 a.C. Teve sua contribuição registrada através de trinta e seis livros sobre teologia e filosofia, além de seis sobre medicina, todos perdidos ou destruídos após invasões ao Egito. O estudo sobre sua filosofia é denominado hermetismo.

A maior parte das Serpentes e cobras põe ovos e a grande maioria delas os abandona pouco depois da ovoposição. No entanto, algumas espécies são ovovivíparas e retêm os ovos dentro dos seus corpos até se encontrarem prestes a eclodir. Recentemente, foi confirmado que várias espécies de cobras desenvolvem seus descendentes completamente dentro de si, nutrindo-os através de uma placenta e um saco amniótico. A retenção de ovos e os nascimentos são normalmente, mas não exclusivamente, associados ao clima frio, sendo que a retenção dos descendentes dentro da fêmea permite-lhe controlar suas temperaturas com maior eficácia do que se estivessem fora. Elas também têm o poder de regeneração através da troca de pele para poderem expandir seu corpo e crescer.

Portanto, a medicina da Serpente está ligada à transmutação. Se ela apareceu em suas cartas, ela pode estar trazendo uma cura associada à sexualidade ou ao renascimento espiritual. Em sua troca de pele ela nos remete a deixarmos de lado hábitos antigos para nos adaptarmos às mudanças e para que possamos nos regenerar e renascer para uma nova vida a partir de agora.

Frase para reflexão:

*"Nascer, morrer, renascer ainda e progredir sempre, tal é a lei."*

ALLAN KARDEC

## ④ ESQUILO · ORGANIZAR

O dom do Esquilo é o de armazenar e poupar para futuros tempos difíceis. Ele é o escoteiro do mundo animal, sempre muito alerta e precavido. As sementes são sua principal fonte de alimentação, mas consomem também insetos e frutas. Quando coletam alimento, enterram algumas sementes que encontram, sendo que algumas chegam a germinar, como pinhões e coquinhos, o que favorece o plantio de árvores importantes do nosso ecossistema, como a Araucária e o Jerivá.

Eles constroem ninhos com folhas e galhos para abrigarem suas crias da chuva e do vento, em árvores muito altas. Por tudo isso, tem uma profunda relação entre o mundo do Céu e a da Terra. Ele nos alerta da importância de guardar as coisas importantes em local seguro e de modo organizado. Aqui não me refiro apenas aos bens mundanos, mas também aqueles que guardamos em nossos corações e mentes. Somente com um coração compassivo e uma mente serena podemos usufruir do amor e sabedoria presentes e disponíveis em nossas vidas.

Os Esquilos são muito confiantes e um dos poucos animais selvagens que comem na mão de uma pessoa. Isto demonstra a necessidade de deixar suas defesas e aprender a confiar mais, tanto nas pessoas como no tempo certo de todos os acontecimentos em sua vida.

Se ele surgiu em seu jogo hoje, pergunte-se se você não anda precisando organizar melhor seus pensamentos e sentimentos. Essa reflexão é importante para que você possa viver melhor e aproveitar tudo aquilo que você juntou, sejam bens materiais ou não. Se você acumulou coisas demais, faça uma análise do que realmente te serve e livre-se do que já não lhe serve mais. Organize sua vida externamente e assim estará também auxiliando em sua organização interna, que é tão necessária. Desta forma, essa organização inclui tanto bens materiais, como também preocupações, crenças limitantes, conceitos intelectuais, estresse etc. Essas energias de limpeza e renovação irão libertar seu coração e mente, de modo que você terá a certeza de que tudo tem seu tempo certo para acontecer.

Frase para reflexão:

*"Se quiser fazer algo bem feito, é preciso organização, dedicação e foco."*

MARIANNA MORENO

## ⑤ COELHO ‧ FERTILIZAR

O Coelho é um dos primeiros animais a mostrar-se sobre a terra quando a primavera está próxima. Por isso, ele é associado à Deusa Eostre ou Ostara, que é a deusa da fertilidade, amor e do renascimento segundo a mitologia[9] anglo-saxã, nórdica e também germânica. De seus cultos originou-se o termo Inglês *Easter* e *Ostern* em alemão, que foi absorvido e misturado pelas comemorações pascais cristãs, nas quais o Coelho se manteve como símbolo até os dias de hoje. Desta forma, ele é um animal que rege os ensinamentos secretos dos mistérios femininos, afinal, a mulher tem o cálice que recebe os frutos através de seu ventre.

O Coelho possui uma forma única de comunicar sua magia conosco: ela vem por meio de músicas, filmes, livros e contos atemporais. O espírito animal do Coelho carrega fortes energias de esperança, renovação e novas oportunidades. O Coelho é o símbolo sagrado de boa sorte, irradiando essa energia. É como se a boa sorte e a fortuna florescessem por todo o caminho desse espírito.

No entanto, seus predadores são muitos! Coiotes, raposas, bisões, fuinhas, gaviões, corujas, entre outras aves, mas também os humanos são

---

[9] Mitologia pode referir-se tanto ao estudo de mitos como a um conjunto de mitos. Por exemplo, mitologia comparada é o estudo das conexões entre os mitos de diferentes culturas, ao passo que mitologia grega é o conjunto de mitos originários da Grécia Antiga.

responsáveis pela sua captura. Em geral, caninos e felinos também são responsáveis pela captura dos Coelhos.

Esse animal traz a habilidade de tentar confundir o inimigo correndo em zigue-zague. Ocasionalmente, vai e volta fazendo o caminho certo de sua própria trilha. A partir daí, dá um salto em outra direção. Finalmente, pode meter-se numa toca ou numa grande quantidade de galhos que servem como esconderijo. Por ter essa enorme quantidade de predadores ele está sempre em estado de alerta, o que nos remete a energia do medo.

Por isso, se ele saltou hoje em suas cartas, veio para arar um campo fértil dentro de você, que está pronto para ser plantado para a colheita. Aceite receber essa energia da fertilidade do Universo como uma cura necessária para sua evolução neste caminhar aqui na Terra. Ele também pode estar de passagem, alertando você para a energia do medo e das preocupações constantes em seus pensamentos. Trate de limpar isso para receber as energias revigorantes e fertilizantes que ele quer te oferecer. Aproveite as boas novas que vem em sua direção!

Frase para reflexão:

*"Além de dar é preciso também saber receber."*

Luciana Juhas Maurus

## ⑥ TARTARUGA ‧ SUSTENTAR

Com sua carapaça redonda como o céu em sua parte superior, como uma cúpula, e plana em sua parte inferior como a terra (base), a Tartaruga é a representação do Universo. Essa estrutura sustentada por suas quatro patas fazem dela um cosmóforo,[10] um daqueles animais que carrega o mundo nas costas, assim como também são o jacaré, o elefante e a baleia. Os povos siberianos a consideram uma divindade da superfície das águas. Suas quatro patas também representam estabilidade, os quatro polos da criação, as quatro direções. Ela emerge das águas carregando a Terra sobre suas costas, protegendo-a de suas intempéries e agressões alheias.

As Tartarugas apresentam um ciclo de vida complexo, utilizando diferentes ambientes ao longo da vida, o que implica em mudança de hábitos. Embora sejam marinhas, utilizam o ambiente terrestre (praia) para desova, garantindo o local adequado à incubação dos ovos e o nascimento dos filhotes. Ao nascerem, as tartaruguinhas rumam imediatamente para o alto-mar, onde atingem zonas de convergência de correntes que formam grandes aglomerados de algas e matéria orgânica flutuante. Nestas áreas, que formam um verdadeiro ecossistema, os filhotes encontram alimento e proteção – e assim permanecem, por vários anos, migrando passivamente pelo oceano.

---

[10] Cosmóforo é um símbolo de apoio e equilíbrio do mundo (cosmo).

Uma Tartaruga marinha vive em média 150 anos, podendo atingir até 300 anos. Por conta dessa sua qualidade ancestral, ela é companhia frequente no cotidiano do ser humano. Por exemplo, todas as famílias da região Dogon[11] possuem uma tartaruga no caso de ausência do patriarca, que ofertam a ela o primeiro alimento e água do dia.

Por isso, se a Tartaruga apareceu em suas cartas, ela vem alertar sobre a necessidade de honrar Pai e Mãe, de honrarmos e agradecermos tudo que a Terra nos oferece. Devemos respeitar a necessidade de dar e receber, devolvendo à Terra tudo aquilo que dela recebemos e agradecer a cada instante pela dádiva da vida. Essa é a base que nos sustenta a seguir em frente no caminho da evolução aqui na Terra.

Frase para reflexão:

*"Use a gratidão como um manto e esta irá alimentar e sustentar cada canto da sua vida."*

RUMI

---

[11] Grupo étnico que habita a região do platô central do Mali, na África Ocidental, ao sul da curva do Níger, nos arredores de Bandiagara e no Burquina Fasso.

## ⑦ LONTRA · BRINCAR

A Lontra representa o princípio feminino em equilíbrio. É um animal que vive entre a terra e a água, que são elementos femininos por natureza. Ela é a personificação da feminilidade: esguia, suave e graciosa. Ela nos ensina a estar com nosso aspecto feminino em equilíbrio – independente se você for homem ou mulher –, a não ter ciúmes e nem malícia em suas relações. Ela traz um forte espírito de irmandade, que fica feliz em compartilhar sua boa sorte e desfrutar da boa sorte dos outros.

Segundo Jamie Sams, quando ainda imperavam as leis tribais, em tempos antigos, se a mulher enviuvava, sua irmã oferecia o próprio marido para ela como amante, para que ela não se tornasse seca e amarga em virtude da impossibilidade de dar vazão aos seus impulsos criadores. A Lontra traz essa cura do ciúme, da inveja, de soltar o controle e de ter uma mente bem equilibrada. Ela está consciente de que todos os bens e todas as energias devem ser compartilhados com o resto da tribo.

Se a Lontra apareceu hoje em suas cartas, isso pode estar indicando que você precisa resgatar sua criança brincalhona e simplesmente deixar as coisas acontecerem em sua vida, assim como a Lontra segue a correnteza. Ela pede que você aja com mais generosidade consigo, se desapegando de fardos e preocupações desnecessários. Observando seus hábitos, você pode se abrir para a verdadeira felicidade contida no lado receptivo de sua natureza.

Frase para reflexão:

> "*A realidade já é dura, piora se for densa. Brincar é legal. Entendeu?*"
>
> ARNALDO JABOR

## ⑧ CORUJA · INTUIR

Ave noturna relacionada à Lua, a Coruja não consegue suportar a luz do sol e, nesse particular, opõe-se à Águia, que recebe essa mesma luz com os olhos abertos. Através de sua ligação com a Deusa grega Atena, é possível classificá-la como símbolo da sabedoria através do conhecimento intuitivo, ou seja, ligado ao sexto sentido, àquele imperceptível aos olhos.

Nas tradições indígenas da América Latina, a Coruja é chamada de Águia da Noite por diversas tribos. Alguns também a consideram um gato de asas. Segundo os povos xamãs, a energia da Coruja está simbolicamente ligada à clarividência, projeção astral e à magia. Por conseguir enxergar perfeitamente no escuro, ela caça suas presas à noite e, por isso, ela é considerada a guardiã das ciências ocultas, símbolo da verdadeira sabedoria. Onde outros se iludem, a Coruja capta com precisão o que realmente ali se encontra.

Se ela pousou em suas cartas, peça que ela pouse em seu ombro e, através de uma observação silenciosa, ela irá soprar em seus ouvidos a verdadeira resposta para uma possível situação difícil que esteja enfrentando. Ela pode fazer isso, simplesmente se materializando em sua frente, ou também por meio de sonhos e meditação, aguçando assim seu poder de intuição. Fique atenta a qualquer sinal e peça que ela traga a luz da verdade para essa possível situação em sua vida. A Coruja nos ensina a aprendermos a usar o poder intuitivo através da observação silenciosa e, assim, encontrarmos nosso caminho como eterno buscador que somos.

Frase para reflexão:

> *"A vida é um eco. Se você não está gostando do que está recebendo, observe o que está emitindo."*
>
> AUTOR DESCONHECIDO

## ⑨ CISNE › ACEITAR

Segundo uma lenda xamânica, um Cisne quando jovem subiu até a Montanha Sagrada para tentar voar sozinho e assombrou-se com o buraco escuro que avistou lá de cima. De repente, ele viu uma libélula e lhe perguntou até onde aquele buraco o levaria. Ela então respondeu que lá era a entrada para a Dimensão dos Sonhos, um portal que o levaria para outros níveis da imaginação, mas só conquistaria o direito de adentrar esse portal aquele que tivesse disposto a aceitar tudo que o futuro lhe reservasse, sem tentar alterar os planos do Grande Espírito. O Cisne então se submeteu a esse propósito de bom grado e se entregou ao fluxo espiral que o levou por um irresistível redemoinho. Dias depois, ele apareceu muito gracioso, exibindo seu longo pescoço e as penas de uma alvura imaculada, afirmando ter encontrado a Graça após a aceitação integral através de sua fé. É isto que o Cisne nos ensina: a nos render à graça do ritmo da vida e a abandonarmos crenças limitantes que nos impedem de alcançar a Dimensão dos Sonhos.

Se o Cisne deslizou com sua elegância em suas cartas, ele pede que aceite a situação que esteja enfrentando com firmeza, serenidade e devoção, pois ela, com certeza, está servindo de ponte para um novo estado de consciência interior. Não ofereça resistência a esse processo, apenas relaxe e flutue sobre as águas como o Cisne. Tudo se torna mais fácil quando aprendemos a nos deixar levar pela correnteza. Desta forma, ele o ajudará a desenvolver a capacidade de manter o próprio eixo em meio a essas mudanças que está enfrentando. Preste atenção à sua intuição, agradecendo e honrando o aspecto feminino do seu ser.

Frase para reflexão:

*"Senhor, dai-me força para mudar o que pode ser mudado...*
*Resignação para aceitar o que não pode ser mudado...*
*E sabedoria para distinguir uma coisa da outra."*

São Francisco de Assis

## ⑩ CAVALO · PODER

O Cavalo é, por princípio, um ser indomável. No entanto, o ser humano conquistou sua confiança e conseguiu laçá-lo e domá-lo. A partir de então, ele passou a ser um importante companheiro de jornada para o ser humano, principalmente antes da descoberta da roda, servindo também como meio de transporte através de sua força dirigida e sua resistência.

É um ser solar que simboliza liberdade, rapidez, poder pessoal e liderança de si mesmo. Também associado à Mitologia, temos o exemplo do Centauro, um ser lendário, metade humano e metade Cavalo, que possuía grande agilidade e mobilidade, também conhecido como cavalo de fogo. Utilizado por muitos Reis e Rainhas e, também, por divindades do mundo antigo, como as éguas celtas Rhianon e Epona.[12]

Ele tem o espírito livre e está intimamente ligado ao caminho na Terra através das suas quatro patas fincadas no solo. O verdadeiro poder é a sabedoria obtida através da lembrança de tudo o que ocorreu com você ao longo da sua jornada aqui na Terra. Somente com a disposição em ensinar e compartilhar os dons e talentos que lhe foram concedidos nesse

---

[12] Deusas celtas Rhianon e Epona, representadas conduzindo cavalos brancos; arquétipos correspondentes – a Amante e a Guerreira.

caminho é que se pode alcançar as verdadeiras sendas para o poder. É neste sentido que o Cavalo tem o dom de aumentar o poder interior e a clarividência, afinal, é dando que se recebe.

Frase para reflexão:

> *"Onde o amor impera, não há desejo de poder;*
> *e onde o poder predomina, há falta de amor.*
> *Um é a sombra do outro."*
>
> CARL G. JUNG

## ⑪ SAPO ‣ PURIFICAR

O Sapo é o grande trovador das chuvas que, através de seu coaxar, nos remete a purificação através da magia das águas. Essa magia nos proporciona uma limpeza poderosa e restauradora dos corpos emocional e mental. Assim como a Flor de Lótus, o Sapo emerge sua beleza da lama até a superfície e nos presenteia com suas cores e texturas surpreendentes. Além disso, ele no ajuda a resgatar tesouros perdidos. Lembram-se das histórias da Princesa e o Sapo? Quando passamos a amá-lo, apesar das suas feias verrugas, descobrimos de repente que ele é belo. Todos sabem que nas lendas, o Sapo se transforma em príncipe quando é beijado pela donzela. Ele representa um aspecto do masculino interior.

Sua época de reprodução é na primavera, quando os machos coaxam para atrair as fêmeas. Ao se encontrarem, ficam abraçados por até 15 dias ou mais. Durante o abraço, macho e fêmea eliminam seus gametas ao mesmo instante. Formam-se então os ovos, envolvidos por muco, para que assim se prendam com facilidade em pedras e em plantas aquáticas. Depois de alguns dias, dos ovos saem girinos que respiram por brânquias, têm uma cauda e não têm pernas. Com o tempo o girino vai perdendo a cauda, desenvolvendo pernas posteriores e anteriores e trocando a respiração branquial pelas respirações pulmonar e cutânea até deixar a água ao término das transformações. É através da respiração cutânea (pele) que a troca de gases é feita. Ela se faz necessária, pois a respiração pulmonar não é completamente eficiente.

Toda essa engrenagem nos remete a uma grande máquina purificadora que processa e libera, através da respiração cutânea, todas as toxinas que precisam sair. Por isso, se o Sapo apareceu hoje em suas cartas, pare e imagine toda sua raiva, tristeza e sentimentos negativos saindo por seus poros agora e sendo levados pelas águas que também purificam todos os seus corpos.

Frase para reflexão:

*"Viver não é esperar a tempestade passar.
É aprender a dançar na chuva."*

SABEDORIA POPULAR

## ⑫ FALCÃO ‧ ENXERGAR

No Egito, o Falcão simboliza o princípio celeste. Entre outras divindades, ele representava, por excelência, o Deus Hórus,[13] dos espaços aéreos, cujos olhos eram respectivamente o Sol e a Lua. Para os Incas, ele tem aspecto de irmão espiritual, uma espécie de anjo da guarda. O Falcão é aparentado com Mercúrio,[14] o mensageiro dos deuses é também símbolo uraniano, másculo e diurno e orienta os aspectos ascensionais do físico, intelecto e moral.

Segundo os povos xamãs, ele é um Mensageiro do Leste, assim como todas as aves de rapina, que tem visão além do alcance de nossos olhos físicos. Através da sua visão ampliada ele é certeiro e veloz em fazer a mensagem chegar a seu destino com inspiração e entusiasmo. Eles encaravam esta magnífica ave de rapina como um mensageiro que trazia notícias sobre nossa jornada nesta Terra, a caminhada pela Boa Estrada Vermelha, enviadas do mundo de seus avôs e avós que viveram antes de nós. Se você estiver mui-

---

[13] O Deus Hórus é o Deus solar dos céus e um dos mais importantes da mitologia egípcia. A imagem de Hórus está associada ao firmamento e, portanto, ele representa a luz, o poder e a realeza.

[14] Mercúrio é o planeta mais próximo do Sol e é por isso, também, que ele é conhecido como um dos planetas que mais causam influências no sentido vital de uma pessoa. Além disso, Mercúrio está fortemente ligado à razão e raciocínio, incentivando as vibrações lógicas e concretas de uma pessoa.

to preso aos bens materiais e terrenos, preste atenção, pois o Falcão pode estar trazendo um presente dos céus para você! Você só tem poder quando é capaz de receber, detectar e utilizar os dons e talentos que a natureza lhe oferece.

Se o Falcão sobrevoou suas cartas hoje, isto significa que você precisa estar atenta para perceber e captar os diversos sinais que a vida lhe envia diariamente. Redobre, portanto, sua atenção. O Falcão tanto pode estar lhe prevenindo de que você precisa agarrar uma oportunidade que está se apresentando para você, quanto indicar que você precisa alçar voo e examinar sua vida com mais distanciamento para percebê-la sob a perspectiva correta. A partir deste ponto de vista privilegiado, você poderá então enxergar os obstáculos que o impedem de alçar voo. Lembre-se de que o Falcão possui o olhar aguçado e o coração destemido, porque ele voa muito alto e chega perto da luz do Avô Sol.

Frase para reflexão:

*"Descobrimos que sumir por um tempo não significa fugir e sim nos avistar de longe, ver o erro para abandoná-lo e assim nos encontrar novamente."*

ERIC VENTURA

## ⑬ ÁGUIA ‧ LIBERTAR

A Águia é uma ave diurna ligada ao Sol considerada a grande mensageira da força do Grande Espírito. Assim como o Falcão, ela é uma ave de rapina mensageira da Direção Leste, que direciona a Jornada do Espírito em evolução. A Águia voa alto, olhando para o sol sem se ofuscar. Símbolo forte de visão do Império Romano, sendo para os astecas o 15º signo, a carruagem guerreira. É, portanto, um símbolo primitivo e coletivo do Pai e de todas as figuras da paternidade. Muitos querem a liberdade, mas poucos se movem nesta direção. Ela traz a capacidade de viver na esfera espiritual e ainda assim ter os pés no chão aqui na Terra.

A Águia possui um estado natural de solitude, o que não significa propriamente um estado de solidão, que ocorre de forma natural e voluntária. Dentro das tradições dos povos nativos da Terra, a virtude da liberdade é personificada através do espírito da Águia, que mora na Direção Leste, onde nasce o Sol. O voo da Águia nos remete à necessidade da busca espiritual, um chamado de nossa alma para o encontro da nossa verdadeira luz interna.

Ela convida ao mergulho no desconhecido de sua alma, valendo-se de sua intuição para desvendar e enxergar os aspectos de sua personalidade que precisam ser reforçados, aperfeiçoados ou alinhados com sua verdadeira essência, rumo à sua total liberdade de alma. A Águia também vem adverti-lo de que precisa restabelecer suas ligações com o elemento Ar, que simboliza o plano mental superior.

Frase para reflexão:

*"Não alcançamos a liberdade buscando a liberdade, mas sim a verdade. A liberdade não é um fim, mas uma consequência."*

Leon Tolstói

## ⑭ BEIJA-FLOR ‣ CURAR

O Beija-flor é o mensageiro da cura. Para alguns povos nativos ele representa a Presença de Deus, do Criador. Ele nos estimula a encontrar a doçura e a alegria em cada situação. Traz suavidade para amenizar os conflitos emocionais. O Beija-flor é o único pássaro que pode voar em todas as direções, conseguindo ainda se manter imóvel num único ponto, como se estivesse paralisado em pleno voo. As flores amam os Beija-flores, pois sabem que seu processo reprodutivo depende deles, auxiliando assim na perpetuação das espécies vegetais em geral, assim como as abelhas e joaninhas. Num mito dos índios Hopi, do Arizona, o Beija-flor figura como herói intercessor ou medianeiro, que salva a humanidade da fome, intervindo junto aos Deus da Germinação e do Crescimento das plantas. Essa mesma valorização positiva leva os índios Tukanos, da Colômbia, a acreditar que ele copula com as flores. Por isso, ele também é símbolo de virilidade radiosa e fertilidade.

Conhecido também como Colibri, o Beija-flor é o guardião e curador do Mundo Mágico do Coração que todos nós temos. Sua mensagem principal é que sem um coração aberto e amoroso, você jamais poderá degustar o néctar e, consequentemente, a felicidade em sua vida. Se ele pousou em suas cartas hoje, pode ter vindo curar alguma ferida emocional aberta, lhe despertando para sua força, alegria e ao mesmo tempo sensibilidade interior, possibilitando assim essa abertura de seu cardíaco.

Por tudo isso, ele nos convida a contemplar o que é belo, pois se orienta pelos mais altos padrões estéticos. Desta forma, sua missão é conquistar a beleza através da liberdade a todo custo, tanto que, se ele for preso ou mantido em cativeiro, ele morre. Use de sua magia e beleza para preencher seu coração de alegria e glória, pedindo que ele cure todas as possíveis feridas que ainda estejam lhe atormentando. Evoque-o para encontrar a verdadeira felicidade através da leveza e beleza.

Frase para reflexão:

*"É parte da cura o desejo de ser curado."*

SÊNECA

## ⑮ BÚFALO · RELIGAR

Para os Povos Nativos da Terra, o Búfalo é o guardião da Direção Norte da Roda de Cura, é ele quem permite a conexão real com o Grande Espírito, o real religar entre os planos físico e espiritual. Para os indígenas nativos norte-americanos o búfalo é considerado o animal mais sagrado, símbolo de abundância plena, pois fornecia sua carne para alimentação, pele para roupas e agasalhos para o inverno, ossos para a confecção de vários instrumentos, além dos cascos, a partir dos quais se produzia uma substância adesiva usada como cola.

Ele também está associado ao mito de Iansã, a Deusa Mitológica do vento, dos trovões, através da figura da Mulher Búfalo Branco. É, portanto, a medicina da espiritualidade e da sabedoria ancestral. Evoque a energia do Búfalo em suas orações para que suas preces sejam atendidas. Sua medicina nos auxilia e trabalha nossa paz interior, assim como a abundância através do desapego ao mundo material.

Se o Búfalo apareceu em suas cartas pode ser sinal de que você precisa se conectar mais ao Grande Espírito, orar mais, abrir mais momentos de meditação em sua vida. Ele lhe dá a chance de religar seu coração ao Pai Criador e, desta forma, ajudar também outras pessoas. Ele lhe pede para louvar e honrar seu caminho e o das pessoas ao seu redor, pois somente através da humildade pode-se alcançar essa ligação divina de dar e receber que o religar nos oferece.

Frase para reflexão:

*"Religar-se ao Criador com fé e fervor
é tê-lo mais perto."*

Djalma CMF

## ⑯ FORMIGA ‧ PERSISTIR

A Formiga é símbolo de atividade industriosa, de vida organizada em sociedade, de previdência, cooperação, mas também pode ser agressiva, resistente e forte. Com seu trabalho árduo e laborioso, a formiga reúne provisões durante a colheita, reserva alimentação abundante e variada para o inverno. Como trabalhadora aplicada e infatigável, ela dignifica sua alma e nos inunda com seu espírito guerreiro, nos alertando para uma das virtudes mais nobres do ser humano: o servir.

A Formiga tem também um importante papel na organização do mundo, segundo o pensamento cosmogônico.[15] Nas origens, quando da primeira hierogamia[16] céu-terra, o sexo da terra era um formigueiro. Na última etapa de criação do mundo, esse formigueiro tornou-se uma boca, de onde saíram o verbo e seu suporte material, a técnica da tecelagem, que as formigas transmitiram aos humanos. Por isso, ela também tem um forte papel simbólico nas comunicações de novos projetos que visam o todo.

Se a Formiga apareceu no seu jogo, pode abrir-se um novo caminho de muito trabalho, em que perseverar deve ser a palavra de ordem e tudo

---

[15] Conjunto de teorias, doutrinas, princípios ou conhecimentos que se dedicam à explicação sobre origem do universo; cosmogênese.

[16] Palavra grega que significa "casamento sagrado". Simboliza, em geral, a imagem primordial e também ideal de qualquer casamento. Em boa parte das tradições mundiais está ligado à ideia de ligação entre o Céu e a Terra, origem de toda a vida.

será conquistado dentro do seu tempo e com o atributo da paciência a seu favor. A Formiga trabalha para o bem do todo, por isso, se seu projeto tem essa qualidade, certamente você terá êxito.

Frase para reflexão:

*"A persistência é o caminho do êxito."*

CHARLES CHAPLIN

## ⑰ GOLFINHO ‣ RESPIRAR

Assim como as baleias, os Golfinhos pertencem à família dos cetáceos,[17] que são mamíferos super adaptados ao ambiente aquático. Por isso, eles são seres que aguçam o sentido das emoções profundas, daquela sensação de estar de volta ao útero da mãe, do resgate com esse contato feminino, da intuição, da fluidez, da flexibilidade. Desta forma, meditar na energia deles nos permite acessar nossas emoções mais profundas através do amor incondicional da Grande Mãe. O clã dos Golfinhos tem forte ligação com as estrelas e está fortemente associado aos trabalhos de cura em nível cósmico e planetário na Era atual.

O Golfinho nos remete a importância da respiração, do sopro da vida, pois podemos viver vários dias sem comida ou mesmo sem água, mas o oxigênio é a base indispensável da nossa subsistência. Por isso, ele é o Guardião do sopro da vida. Por ser um animal que vive na água, ele nos ensina a modular nossas emoções através do ritmo da nossa respiração. Desta forma, por meio da respiração, revitalizamos e regeneramos cada célula do nosso corpo, rompendo os limites e expandindo as dimensões da realidade física de modo a nos facultar o acesso à Dimensão dos Sonhos.

---

[17] Do latim científico: *"Cetacea"*, os cetáceos constituem uma ordem de animais predominantemente marinhos e pertencentes à classe dos mamíferos.

O Golfinho também é um mensageiro entre mundos, que conecta as profundezas e a superfície das águas.

Por isso, se o Golfinho mergulhou hoje em seu jogo é sinal de que você precisa parar um tempo para ouvir a própria respiração. Adotar a prática da meditação irá ajudar a ouvir a voz dos sentimentos que estão como água parada em seu coração. Então você equilibrará essas águas, impondo um ritmo adequado a seu campo emocional. Ele também o inspira a estar mais conectado aos ritmos da natureza e ao Grande Espírito. Faça como o Golfinho e cavalgue nas ondas do riso, espalhando alegria pelo mundo.

Frase para reflexão:

"... *fica sempre a certeza de que se dormiu e se sonhou. Um Sopro de Vida*"

CLARICE LISPECTOR

## ⑱ RATO ⋅ ORDENAR

A medicina do Rato inclui a sensibilidade, a ordem, a minúcia e a preocupação com os detalhes. A civilização atual é uma estrutura incrivelmente complexa que exige um nível de organização cada vez mais sofisticado. Segundo os povos antigos, o Rato é o remédio poderoso para esses tempos modernos, pois coisas que parecem ser insignificantes tem para ele uma enorme importância.

No Oriente, o Rato é reverenciado por seu raciocínio rápido e sua capacidade de acumular e manter objetos de valor. Ratos são considerados um símbolo de boa sorte e riqueza na China e no Japão. Ele é o símbolo do primeiro signo do zodíaco chinês.

O Rato também nos ensina a analisar as lições da vida, a compreender a percepção dos significados duplos nas coisas, os detalhes de cada situação, através dos atributos do silêncio, da invisibilidade, do sigilo, com sua capacidade de se manter invisível. Sua mente afiada procura sempre novos conhecimentos para serem guardados para uso futuro.

Se ele sorrateou em suas cartas hoje, pode estar alertando a agir de uma forma menos crítica com você e com os que estão ao seu redor. A partir da medicina do Rato, preste mais atenção aos pequenos detalhes que muitas vezes são ignorados em seu cotidiano por excesso de vontade de ver o quadro geral. Tente olhar as situações intrincadas em sua vida de uma forma mais detalhada, para que então consiga ordená-las de forma mais clara e limpa. Desta maneira, você conseguirá tomar decisões mais pautadas e focadas com seu propósito de vida. Lembre-se que o Rato tem a capacidade de libertar-se de qualquer situação adversa. Observe secretamente e siga em frente!

Frase para reflexão:

*"A sabedoria consiste em ordenar bem a nossa própria alma."*

Platão

## ⑲ RAPOSA · ESPREITAR

A Raposa é mestre no quesito astúcia e esperteza, através de suas estratégias refinadas de camuflagem, tanto para caçar quanto para se defender de seus predadores. Esta sua capacidade de confundir-se com o ambiente também lhe permite observar as atividades alheias. Com seu poder aguçado de observação, ela utiliza de muita sutileza e dissimulação para conseguir o que quer. Aproveita cada oportunidade que o caminho lhe proporciona, sempre com muita discrição.

Essa capacidade da Raposa, de passar despercebida, a torna uma guardiã da unidade familiar, pois percebe facilmente a aproximação do perigo. Ela é capaz de encontrar os mais inesperados recursos e táticas para proteger os seus. É também muito ligeira e usa a velocidade a seu favor para caçar suas presas, sendo assim uma excelente oportunista. Possui uma sensibilidade aguçada e uma mente bastante intuitiva. Facilita a comunicação com a natureza e ensina a reagir rapidamente às situações que apareçam para sentir mais e criar estratégias.

Se ela apareceu em seu jogo, está pedindo para usar de sua inteligência e intuição para lidar com uma situação que esteja enfrentando, que talvez seja uma emboscada. Desta forma, use de sua estratégia de observação e silêncio e fique à espreita, aguardando até o momento certo para agir. Utilize da sua astúcia e esperteza para sair ileso desta situação. Aprenda com a Raposa a adaptar-se ao novo que se apresenta em seu caminho.

Frase para reflexão:

> *"Em qualquer lugar vou me adaptar.*
> *Igual ao camaleão saberei me camuflar."*
>
> OROCHI

## ⑳ CACHORRO · AMAR

O Cachorro é o melhor amigo do homem no reino animal. Como seu fiel escudeiro, ele nos ensina a grande lição que viemos aprender aqui na Terra: AMAR. O Cachorro é capaz de morrer para salvar a vida de seu dono. Temos muitos casos reais que podem comprovar isso. É o amor na mais pura forma incondicional, pois não exige nada em troca.

O Cachorro também nos ensina muitas outras lições. Amar exige cuidados e, com o cão, isso não é diferente. Ele cuida do humano quando é bem cuidado, portanto, nos faz lembrar a máxima: "dê ao próximo aquilo que quer receber para si".

Por isso, a medicina do Cachorro está associada à fidelidade, lealdade, amizade, amor incondicional, proteção e serviço. Ele tem o dom de perceber antecipadamente energias ameaçadoras, como um terremoto, uma tempestade, levando seus donos à segurança.

O Cachorro é geralmente o espelho de seu dono, ou seja, para o bem ou para o mau, ele irá refletir um comportamento mais dócil ou mais agressivo. Ele nos remete a olharmos para nós mesmos e, após essa reflexão, perdoarmos a nós mesmos por tudo de negativo que não queremos mais em nossa vida, como tristeza, raiva e ressentimentos.

Após essa autoanálise, você também deve observar como andam as suas relações mais próximas. Ele pode estar alertando-o a pedir perdão para aquela pessoa que você magoou recentemente ou simplesmente cha-

má-la de canto e recitar palavras amorosas. Por isso, aproveite essas perguntas para essa reflexão:
Como tenho alimentado diariamente essa relação?
Essa pessoa realmente me ama? Eu realmente amo essa pessoa?
Como posso melhorar nossa relação?
O que eu preciso melhorar em mim para melhorar essa relação?
Lembre-se: as relações também são nossos espelhos, afinal, semelhante atrai semelhante, mas que o amor seja sempre a resposta!

Frase para reflexão:

*"A medida do amor é amar sem medida."*

Santo Agostinho

## ㉑ LOBO ⟩ ENSINAR

O Lobo é comparado ao cão selvagem, por isso, assim como o cachorro, também nos ensina sobre o amor, a fidelidade e a lealdade. No entanto, sua principal função é de ser o professor da tribo. O Lobo explora as rotas, ensina os mais novos e é o precursor de novas ideias que sempre serão em prol do grupo.

Por ser um ótimo farejador de caminhos, o Lobo sabe conduzir a matilha em segurança e, por isso, é habitualmente invocado em jornadas xamânicas[18] de cura. Ele tem os sentidos muito apurados e tem a Lua como sua aliada de poder. O Lobo tem uma forte noção das necessidades grupais e individuais. Um animal lendário em que é representado em diversas culturas e mitos na figura do Lobisomem ou Lobo Mau.

Se você tirou a carta do Lobo, isto é sinal de que você está pronta para partilhar seus dons e talentos com os demais. O momento pede que você se abra para esta possibilidade e para as lições de um verdadeiro mestre. Ele pode estar lhe aconselhando também a buscar um local mais calmo e isolado para que você faça contato com seu mestre interior. É na solidão que muitos seres humanos encontram seu verdadeiro Eu. Mostre e compartilhe seus dons de cura e medicina com o mundo e ajude as pessoas a encontrarem também suas verdadeiras essências.

---

[18] Ritual em busca de cura espiritual.

Frase para reflexão:

*"Se não sabes, aprende; se já sabes, ensina."*

Confúcio

## ㉒ BORBOLETA ‧ RENASCER

A Borboleta é um animal oriundo do ar, portanto, associada ao vento e ao mundo encantado das fadas. Ela representa a mente e sua capacidade de formular ideias e pensamentos edificantes para, então, concretizá-las neste plano. Por isso, ela nos traz a arte da transformação e do renascimento. Através de suas fases de desenvolvimento, ela nos remete ao poder da Criação de nascer e renascer constantemente. A borboleta no xamanismo[19] nos inspira a transformar todas as questões em momentos de crescimento e de evolução em todos os sentidos.

Se ela pousou hoje em suas cartas, medite em qual dos seus estágios de desenvolvimento evolutivo está sua vida hoje:

1)   Ovo: representa a fase embrionária onde nascem as ideias, sonhos, aspirações e novos projetos;

2)   Larva: representa uma tomada de decisão, a preparação do "solo" para que essas ideias cresçam fortes e se transformem em algo realmente enriquecedor para o mundo;

---

[19] O Xamanismo é conjunto de manifestações, ritos e práticas culturais presentes em inúmeras sociedades humanas e centralizadas na figura do xamã, que tem seu papel de intermediação entre a realidade e a dimensão sobrenatural, em que faz uso de seus poderes mágicos e curativos que lhe são natos.

3) Casulo: quando sua ideia ou anseio tomou corpo e está em vias de se concretizar no mundo. Qual esforço você tem feito para que seu projeto saia do papel? Quanta energia tem colocado nele?

4) Nascimento: quando seu projeto de fato foi concretizado. O legado que você está deixando para o mundo.

Ao fazer essas reflexões, você saberá como a Borboleta está se relacionando com você neste momento. Peça que ela lhe inspire através da criatividade que já há dentro de você, para que você consiga alçar seu voo neste plano. Tenha confiança no seu processo evolutivo e que tudo tem um momento certo para acontecer dentro da grande teia da vida.

Frase para reflexão:

*"Temos de nos tornar na mudança
que queremos ver."*

MAHATMA GANDHI

## ㉓ CORÇA ‧ SUTILIZAR

A Corça é um animal silvestre de hábitos solitários, que vive preferencialmente em matas de corte e cerrados de bosques novos, assim como em florestas de árvores altas, tanto na planície como na montanha. A vegetação baixa das regiões brejosas constitui também uma de suas moradas prediletas. No inverno, o animal desce para a planície e, no verão, vai para a montanha, subindo cada vez mais, à medida que a temperatura aumenta. Os movimentos da Corça são suaves e elegantes. É um saltador notável, que transpõe sem dificuldade largos fossos e moitas. Ela expressa o princípio feminino com mansidão, receptividade, consciência e compaixão. Pode nadar ou executar escaladas com perfeição, ouve, fareja e enxerga maravilhosamente. Além disso, é matreira e prudente, portanto, bastante confiante em suas ações. São da família do Cervo, porém mais discretas e serenas, mas podem se tornar mais agressivas à medida que envelhecem e que suas galhadas crescem.

Use a serenidade e elegância da Corça para despertar em seu íntimo o amor e a ternura capazes de curar qualquer ferida. Tenha a dignidade de observar sempre a sua verdadeira voz interior e use e abuse da gentileza no trato com as pessoas de suas relações, mas, principalmente, seja gentil com você mesma. Não tente mudar sua verdadeira essência para tentar agradar os outros e, também, deixe de tentar mudar os outros, buscando amá-los do jeito que são. Encontre a sutileza através da percepção da simplicidade em todos os seres e siga seu caminho em paz.

Frase para reflexão:

*"Expresse bondade e simpatia.
Seja dócil e gentil com as pessoas."*

Luz Diária de Mãe Kuan Yin[20]

---

[20] Deusa Oriental da Misericórdia, Compaixão e Perdão. Frase retirada do *Luz Diária de Mãe Kuan Yin*, escrito por Ângela Marcondes Jabor, Editora Ascend, 2018.

## (24) BALEIA · RECORDAR

A Baleia é um mamífero que, por longo tempo, foi considerado um peixe grande. Em muitas tradições existe um mito iniciático[21] da passagem pelo ventre da baleia como uma espécie de renovação espiritual ou metafísica.[22] Segundo estudos científicos, é um mamífero que possivelmente viveu em terra firme milhões de anos atrás, por isso é considerado o animal responsável em ser o guardião dos registros akáshicos,[23] ou seja, ela é como uma grande biblioteca universal. Além disso, a Baleia é um dos cetáceos[24] mais rápidos do oceano, podendo alcançar 40 quilômetros por hora.

Há um episódio bíblico, que é um dos mais difundidos da cultura ocidental, em que a Baleia engole Jonas.[25] Jonas sobrevive três dias dentro da Baleia, o mesmo período de tempo que decorreu entre a morte e a ressur-

---

[21] Relativo à iniciação. Cerimônia por meio da qual alguém é admitido em culto, seita, doutrina ou grupo religioso.

[22] Qualquer sistema filosófico voltado para uma compreensão ontológica, teológica ou suprassensível da realidade.

[23] Registros akáshicos são um compêndio de todos os eventos, pensamentos, palavras, emoções e intenções humanas que já ocorreram no passado, no presente ou no futuro.

[24] Do latim científico *Cetacea*, os cetáceos constituem uma ordem de animais predominantemente marinhos e pertencentes à classe dos mamíferos.

[25] Personagem Bíblico do Antigo Testamento. No Livro que tem seu nome, Jonas desobedece Deus. Em consequência disso, é engolido por um enorme peixe (Baleia). Con-

reição de Cristo. Por isso, acredita-se que Jonas sofreu uma morte iniciática e a sua saída do ventre da Baleia é uma ressurreição simbólica. O profeta Jonas é também conhecido como Dhun-Nun. Nun é a 25ª letra do alfabeto árabe, que também significa peixe e, em especial, Baleia. O próprio formato da letra (a saber: ن a parte inferior de uma circunferência, um arco, encimado por um ponto que lhe indica o centro) simboliza a Arca de Noé flutuando sobre as águas. A Baleia está associada à entrada da caverna e aos tesouros escondidos, sendo considerada um dos mais importantes animais cosmóforos.

Se a Baleia mergulhou hoje em seu jogo, seja rápido ao acessar memórias adormecidas através do mundo do sonho e da fantasia. Use e abuse de atividades que despertem essas memórias através da Arte ou do contato com a Natureza, por exemplo. Acessar esses arquivos pessoais secretos a fará adentrar ao profundo de seu inconsciente e descobrir qual o seu destino, tal como está registrado também em seu DNA. Fique de olho em seus sonhos, pois a Baleia é a responsável pela Teia dos Sonhos, podendo despertar assim seus dons psíquicos adormecidos.

Frase para reflexão:

*"Não se preocupe com a distância entre seus sonhos e a realidade. Se você pode sonhá-los, você pode realizá-los."*

BELVA DAVIS

---

clui-se da história que é necessário atender aos desígnios de Deus e que Ele é uma figura misericordiosa.

## (25) **TATU** ᐧ LIMITAR

O Tatu cava buracos no solo usando suas unhas fortes e afiadas para criar sua moradia e, por isso, possui uma forte ligação com a terra. Geralmente, possui hábitos noturnos e fica na toca durante o dia, saindo à noite para procurar alimentos. Os Tatus têm grande importância ecológica, pois são capazes de alimentar-se de insetos, contribuindo para um equilíbrio de populações de formigas e cupins.

No entanto, sua característica mais peculiar e marcante está na armadura que ele carrega em seu próprio corpo. Com sua carapaça protetora ele tem a capacidade de se enrolar quando pressente o perigo: ele se transforma numa bola resistente, que não pode ser penetrada por seus inimigos, e só sai dela quando se sente seguro. Com isso, ele nos alerta que uma proteção adequada é necessária para manter o corpo a salvo. Se você for participar de alguma atividade que represente riscos, use o equipamento certo.

Esse mecanismo de armadura também serve para erguer uma muralha em torno de si, para impedir que a maldade alheia penetre. A medicina do Tatu é evidente: se você não quiser sentir-se invadido, tome as precauções necessárias para defender seu espaço vital.

Se o Tatu rolou para seu jogo, isso é sinal de que você precisa definir melhor seus próprios limites. É possível que você tenha sido complacente demais e tenha deixado sua casa se converter numa verdadeira feira, onde pessoas entram e saem na hora que bem entendem. Você precisa aprender a dizer "não" quando necessário. Aprenda a ouvir sua própria voz interior e priorize o que é melhor para você no aqui e agora. Se você não demarcar seus limites, acabará se transformando numa esponja, absorvendo o que deseja e o que não deseja. Proteja-se e não se deixe contaminar pelas energias negativas alheias. Proteja seus limites com a armadura do Tatu e aceite somente energias e pessoas que lhe sejam realmente benéficas.

Frase para reflexão:

*"Não desperdice seu tempo com futilidades."*

Luz Diária da Mãe Kuan Yin[26]

---

[26] Deusa Oriental da Misericórdia, Compaixão e Perdão. Frase retirada do *Luz Diária de Mãe Kuan Yin*, escrito por Ângela Marcondes Jabor, Editora Ascend, 2018.

## ㉖ **LEÃO** ‧ LIDERAR

O Leão representa o Sol, o princípio Sagrado Masculino, o ego consciente, além do poder e da energia dos instintos e do sexo. Por isso é conhecido como o "Rei da Selva". Ele simboliza liderança, prosperidade, força, vitalidade, sexualidade e coragem. Para aumentar a autoconfiança lembre-se sempre que o Leão nunca foge de uma batalha em prol de suas crias ou de qualquer um de seu bando. Garra, majestade, nobreza, segurança e autoconfiança também são aspectos de sua natureza.

Os egípcios acreditavam que o Leão inspirava as inundações anuais do Nilo. Os cristãos diziam que ele era o correspondente da águia na Terra.

Os alquimistas medievais associavam-no com o elemento fixo do enxofre, e um leão jovem simbolizava frequentemente o nascer do Sol, com sua luz que tudo ilumina.

Como o Leão simboliza Poder, Sabedoria e Justiça, pode carregar um excesso de confiança em si mesmo e isso pode o tornar muito orgulhoso e presunçoso. Desta forma, em seu aspecto negativo ele pode representar o arquétipo do pai tirano, crendo ser um protetor, mas na verdade pode estar sendo ofuscado pelo próprio poder.

As fêmeas são as melhores caçadoras e desenvolvem técnicas precisas para essa arte da sobrevivência. São mães presentes e têm a capacidade de fazer com que seus filhotes cresçam num ambiente saudável e curador. Esses Animais não lutam pelo prazer da luta e, se forem confrontados, podem deixar o local sem olhar para trás. Dificilmente entram em situações desagradáveis.

Portanto, se o Leão se lançou hoje em suas cartas com sua juba poderosa, ele está lhe impulsionando uma dose extra de autoconfiança. Mas, cuidado para que todo seu poder não infle seu ego e transforme esse poder extra em tirania. Ele vem, principalmente, ensinar a virtude da liderança. Você pode tomar agora as rédeas da própria vida em suas mãos e mudar os rumos daquilo que não está em seus devidos eixos. Torne-se líder de si mesmo para, então, auxiliar aos que estejam à sua volta.

Frase para reflexão:

*"O maior líder é aquele que reconhece sua pequenez, extrai força de sua humildade e experiência da sua fragilidade."*

AUGUSTO CURY

## ㉗ **CASTOR** ‧ CONSTRUIR

O Castor é considerado o construtor do mundo animal. Se você observar suas represas, capazes de bloquear fortes torrentes de água, verá que existem diversas entradas e saídas. O Castor sempre se preocupa em preparar diversos pontos de escape quando constrói sua casa. Esta prática é uma lição para cada um de nós, para que não nos deixemos encurralar, pois se não nos concedermos algumas alternativas, represaremos o fluxo de experiências em nossas vidas. Um construtor é caracterizado por sua operosidade e o Castor sabe que a limitação impede a sua produtividade.

O Castor vive entre a água e a terra, incorporando ainda um forte sentimento de família e de vida caseira. Tem dentes muito afiados, sendo capaz de derrubar grandes árvores e, também seus mais fortes inimigos. Na parte traseira, ele tem uma cauda semelhante a um remo, que o ajuda a nadar e que também funciona como defesa. Apesar de pequeno, este simpático mamífero está muito bem equipado para proteger suas criações.

Se o Castor surgiu em suas cartas, isso é sinal de que é chegada a hora de tirar aquele projeto do papel, colocando assim suas ideias e sonhos em prática. Pode ser também que o Castor esteja advertindo-a de que é necessário acertar as diferenças com os amigos e colegas de trabalho. O Castor lembra de procurar soluções alternativas para os desafios que a vida oferece e de proteger as criações às quais você dedicou amor e energia. Ele também pode alertá-la para a necessidade de proteger sua retaguarda para que tudo em seus planos de criação saia na mais perfeita ordem.

Frase para reflexão:

*"Transportai um punhado de terra todos os dias e fareis uma montanha."*

Confúcio

## ㉘ CORVO · EXPRESSAR

O Corvo é um animal profético, guardião da magia e mensageiro dos deuses, que vem anunciar as curas profundas através do Grande Espírito. No Japão é considerado um mensageiro divino, anunciador de triunfos e sinal de virtudes nobres. Na China, é um pássaro solar. Um corvo de três pés figura no seio do sol, como um símbolo da energia yang (masculina), ímpar. Essa representação trípode,[27] emblema dos imperadores na China, está fortemente ligada ao simbolismo solar: nascimento, zênite[28] e crepúsculo. Também como símbolo solar na Grécia, era consagrado ao Deus Apolo,[29] por isso empenha função profética dos Deuses na mitologia grega. Na mitologia maia é considerado mensageiro do deus do trovão e do raio. Ele seria também um símbolo da solidão, ou melhor, do isolamento voluntário daquele que resolveu viver num plano superior.

Como símbolo de perspicácia, é ele quem vai verificar se a terra começa a reaparecer à superfície das águas, após o grande dilúvio universal:

---

[27] Que possui três pés.

[28] Zênite é um ponto de referência para a observação do céu, um conceito utilizado nas ciências naturais, principalmente na astronomia. É definido como um ponto exatamente acima de um lugar específico, ou seja, a partir de um ponto numa superfície horizontal traça-se uma reta imaginária perpendicular ao plano, o ponto acima da esfera.

[29] É uma das principais divindades da mitologia greco-romana, o Deus do Sol, um dos deuses do Olimpo.

"No fim de quarenta dias, Noé abriu a janela que fizera na arca e soltou o corvo, que foi e voltou esperando que as águas secassem sobre a terra."
(Genesis, 8:7)

Para os povos nativos ligados ao xamanismo é o guardião da magia cerimonial e um curador que opera à distância e está sempre presente numa Roda de Cura. Ele vê o passado, o presente e o futuro das pessoas, pois transita entre os mundos com facilidade. Ele é a luz nas sombras e a sorte nas dificuldades da vida.

Se você tirou a carta do Corvo isso é sinal de que ele vem anunciar uma mudança no seu padrão de consciência, onde você será capaz de manifestar uma nova realidade na qual não haverá mais lugar para a doença e a ignorância. Ele o ajudará a despertar e a se expressar no campo das energias superiores, onde a ascensão espiritual é eminente.

Frase para reflexão:

*"O jogo é chegar a Deus. E você só pode fazer isso através da compreensão do seu próprio caminho. Qualquer que seja a sua parte, ser você cumpre o seu caminho".*

RAM DASS

## ㉙ JACARÉ ‹ AGIR

O Jacaré distingue-se dos crocodilos pela cabeça mais curta e larga e pela presença de membranas interdigitais nos polegares das patas traseiras. Diferenciam-se dos crocodilos ainda com relação à dentição: o quarto dente canino da mandíbula inferior encaixa-se num furo da mandíbula superior, enquanto que nos crocodilos esse mesmo dente sobressai para fora da boca quando ela está fechada. No Brasil, estão muito presentes no Pantanal e alimentam-se basicamente de capivaras e peixes.

O Jacaré traz a medicina do inconsciente profundo em ação, da iniciação e da visão instintiva. De dentro da água, ele está sempre imerso em seu inconsciente profundo, ou seja, mergulha facilmente em sim mesmo. Ao mesmo tempo, está ligado à terra, transitando facilmente entre esses dois ambientes. São seres impulsivos, agressivos e surpreendentes, podendo atacar suas presas a qualquer momento, ou seja, sua natureza instintiva literalmente transborda.

Ele também nos ensina a fortalecer as boas amizades e a fazermos alianças com pessoas que são diferentes de nós. Auxilia na transformação de energias agressivas em positivas, transformando a raiva, por exemplo, numa energia de ação produtiva. O Jacaré tem uma capacidade de profunda visão e clarividência, pois olha além e, ao mesmo, através de seu instinto, ele promove o amor e o poder.

Se ele apareceu em suas cartas é sinal de que você deve sair da procrastinação e avançar rumo aos seus sonhos e objetivos. Peça ajuda se preciso for, mas é preciso avançar. A palavra de ordem agora é ação! Você tem todas as ferramentas de que precisa para iniciar qualquer projeto, seja ele qual for.

Frase para reflexão:

> *"Pare de procrastinar: seus sonhos não merecem isso."*
>
> ANA PAULA NUNES

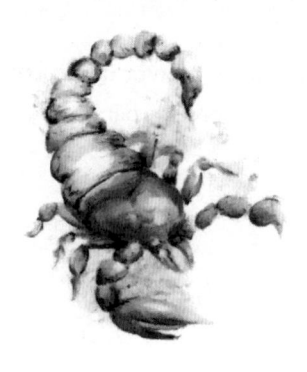

## ㉚ ESCORPIÃO · APROFUNDAR

O Escorpião pertence à classe dos aracnídeos, ou seja, possui oito patas. São animais geralmente discretos e noturnos, escondendo-se durante o dia sob troncos e cascas de árvores. Suas patas dianteiras (palpos) funcionam como pinças que seguram e dominam suas presas. Possui também uma cauda comprida, que na ponta contém o ferrão, que pode envenenar quem o importunar. Percebe suas presas por vibrações no ar, no solo e sinais químicos, todos detectados por pelos sensíveis, distribuídos em suas pinças e patas, o que denota sua sensibilidade nata.

Animal negro que foge da luz e vive escondido, reúne na psique um mundo de valores sombrios, próprios para evocar os tormentos e os dramas da vida até os abismos do absurdo, do nada e da morte. Essa dialética entre luz e sombra, destruição e criação, morte e renascimento, traz a energia do Escorpião como um canto de amor num campo de batalha ou um grito de guerra num campo de amor.

Segundo a Astrologia, ele representa o oitavo signo do zodíaco, que é regido por Marte e mais recentemente também por Plutão. Marte é direto, espontâneo e não tem filtros, por isso demonstra tudo o que tem a demonstrar. Plutão é caracterizado pela busca do oculto, por ser regido muitas vezes por influências inconscientes. Ambos os planetas se caracterizam por lutar com todas as suas armas para atingir suas metas. Embora tenha uma pitada do elemento fogo, que exalta sua famosa sexualidade, Escorpião é um signo do elemento água que envolve muito mistério, coragem e profundidade. No aspecto negativo, pode haver controle e vingança nas relações.

Se ele apareceu no seu jogo hoje é sinal de que você precisa descortinar as sombras do inconsciente que ainda o impedem de enxergar sua luz interior. Busque esse contato com seu inconsciente através da exploração do mundo dos sonhos, com a ajuda do Grande Mistério, com o objetivo de aprofundar em suas sombras para trazer luz ao seu mundo interno. Imagine-se como uma estrela de oito pontas que se descortina entre as nuvens sombrias para brilhar no palco da vida.

Frase para reflexão:

*"Se a vida é um palco, como anda seu camarim?"*

AMÉLIA MARI PASSOS

## ㉛ CARANGUEJO ⟩ DANÇAR

O Caranguejo é um animal que vive nas águas e está paradoxalmente ligado aos mitos da seca e da Lua, pois eles servem de alimento nos períodos de seca e seu crescimento liga-se às fases da Lua. Por isso, ele é associado à dança das chuvas. Desde a antiguidade, ele é considerado o guardião do Fim das Águas, à entrada da caverna cósmica, sendo assim também considerado um animal cosmóforo[30] como a tartaruga, o elefante e o jacaré.

O Caranguejo é o animal arquetípico do sigo de Câncer, segundo a Astrologia, ou seja, traz os atributos da proteção e do lar com sua carapaça e da sensibilidade e flexibilidade com seu corpo carnudo e mole por dentro. Segundo os Povos da Terra, ele traz a medicina do lar, da comunidade, da proteção. De maneira alternativa, o Caranguejo pode estar lembrando-o de que a comunidade é vital para seu crescimento, contudo, é igualmente importante tirar um tempo para isolamento introspectivo. Saiba quando se retirar e tenha o discernimento do que é certo para você.

Através do seu andar para os lados, ele nos lembra que, muitas vezes, é necessária uma abordagem lateral como uma dança, pois nem todos os caminhos nos levam diretamente ao centro de nossos objetivos. Foque no

---

[30] Cosmóforo é um símbolo de apoio e equilíbrio do mundo (cosmo), assim como, a baleia, jacaré, elefante e tartaruga.

que está ao seu redor, pois seus sentidos interiores estão tentando guiá-lo pelo caminho mais fácil. Se preciso for, evoque o seu espírito através de uma dança e use sua intuição. Deixe-se guiar pelo seu campo sentimental, afinal, o Caranguejo é um animal das águas. Dance fundo nas suas emoções e deixe que elas fluam para que encontre seu verdadeiro lar interior.

Frase para reflexão:

*"A vida é uma melodia escrita no diário de Deus. Viver é dançar ao som dessa música de várias maneiras e de tempos em tempos."*

DAVID SALEEBY

## ㉜ ELEFANTE ⋅ PROSPERAR

Os Elefantes são animais herbívoros e alimentam-se de ervas, gramíneas, frutas e folhas de árvores. As manadas contam com 10 a 15 animais, lideradas por uma matriarca, compostas por várias reprodutoras e crias de diferentes idades. O período de gestação das fêmeas é longo (20 a 22 meses), assim como o desenvolvimento do animal que leva anos para atingir a idade adulta. Os machos adolescentes são geralmente expulsos do bando pela matriarca para que possam se reproduzir com fêmeas de outras famílias. Desta forma, os Elefantes têm um forte senso de vida familiar, sendo assim um símbolo de estabilidade.

Devido ao seu porte, os Elefantes têm poucos predadores. Exercem uma forte influência sobre as savanas, pois mantêm árvores e arbustos sob controle, permitindo que pastagens dominem o ambiente. Eles vivem cerca de 60 anos e morrem quando seus molares caem, impedindo que se alimentem de plantas. O Elefante traz a medicina da memória ancestral. Inspira amor-próprio, autossuficiência, força, longevidade, cura e castidade para ser guiado em caminhos ancestrais. Sua evocação também é utilizada para abrir caminhos, obter boa memória e desenvolver a habilidade para aprender. Pode ser evocado para estudos, provas e trabalhos intelectuais.

Desde a Antiguidade, ao Elefante era atribuído o poder de atender desejos e trazer paz e prosperidade, crença que é conservada até hoje, através de amuletos de marfim, imagens de elefantes, rabo etc. Na Tailândia, para ter sorte no parto, uma mulher deve passar três vezes sob um Elefante. Na Índia, o Deus Ganesha, que tem forma de Elefante, traz boa sorte, abre os caminhos e supera obstáculos.

Se o Elefante apareceu hoje em suas cartas, o convite é para observar como anda sua vida social e seu compromisso com a família. O momento pede que você acolha as pessoas amadas do seu núcleo familiar, incluindo você mesma. Neste momento, você recebe de presente uma sabedoria antiga e um poder para inspirar esses resgates familiares tão necessários para nosso próprio bem-estar. Somente quando estivermos em paz e harmonia com os nossos é que nossa vida estará na trilha da abundância e prosperidade infinitas junto à fonte do Criador.

Frase para reflexão:

*"Amar é acolher, é compreender,*
*é fazer o outro crescer."*

ZILDA ARNS NEUMANN

## ㉝ MACACO ‧ ALEGRAR

Os Macacos destacam-se em sua inteligência por estarem mais próximos aos seres humanos na cadeia evolutiva das espécies. Sua característica mais marcante advém do seu instinto de sobrevivência e emoções muito aguçadas e desenvolvidas, além de uma grande capacidade de observação e um ótimo senso de humor. Há muitas espécies em extinção, que sofrem pelas consequências do desmatamento desenfreado causado pelo ser humano.

Nós, humanos, trazemos a inquietação impulsiva do Macaco. A grande maioria das pessoas não consegue se manter sentada por alguns minutos em estado de meditação. Nossa força de vontade é insuficiente para permitir que uma vida interior simples supere essa vivacidade autônoma. É por intermédio da concentração meditativa que o inconsciente começa a fluir. Neste sentido, caso você ainda não tenha esse hábito, essa carta lhe pede que, ao menos tente, pois é através dele que sua consciência superior irá aflorar, ou seja, manifestar-se.

Embora eles pulem de galho em galho, são monogâmicos e os machos costumam ficar com suas fêmeas até a morte, sempre protegendo sua família, em especial seus filhotes, que são presas fáceis de aves de rapina. Desta forma, mesmo sendo um animal terrestre de quatro patas, os Macacos permeiam facilmente entre os reinos da terra e do céu, através dos seus saltos com a ajuda do seu rabo comprido em forma de espiral, saltando de galho em galho para conseguirem o que querem. Os Macacos vivem em bando, ou seja, são muito sociáveis e gostam de estripulias e brincadeiras.

Se ele saltou para seu jogo hoje, aproveite para trazer mais alegrias e brincadeiras à sua vida. Lembre-se que dentro de você há uma criança interior que pulsa vida clamando por mais cores, mais alegria e louca para realizar as mais impensáveis travessuras. O Macaco vem, portanto, lhe ensinar a saltar as adversidades e obstáculos e o convida a levar uma vida mais leve e cheia de surpresas, risos e diversão.

Frase para reflexão:

*"A alegria está na luta, na tentativa, no sofrimento envolvido e não na vitória propriamente dita."*

MAHATMA GANDHI

## 34 TUCANO › DESBRAVAR

O Tucano vem nos ensinar a desbravar o mundo através da voz que vem de nossos corações. Seu bico grande e colorido, que parte de seu coração, tem a função de autorregulação, pois ele passa boa parte de seu tempo sob o alto da copa das árvores em clima tropical. Seu nome deriva do termo tupi: *tu'kã*. São muito sociáveis e vivem em grupos de aproximadamente vinte, alimentando-se basicamente de frutas e pequenos insetos.

Como observam as situações do alto, são muito sonhadores e aventureiros, e logo partem para concretizar seus sonhos, quase sempre ligados fortemente ao campo emocional, ou seja, seguindo seus corações. Autoestima e amor-próprio são o lema deste animal que chama atenção por seu porte e cores vibrantes, nos presenteando com a consciência de sermos nós mesmos.

Desta forma, ele desbrava ares e mares nunca dantes avistados sempre focando na busca pela solução do problema. Se ele sobrevoou suas cartas hoje, é um convite a desbravar novos caminhos no campo emocional de suas relações amorosas. Ele pede que você analise e observe melhor sua criança interior ferida, para que, então, possa estabelecer relações mais prósperas e saudáveis emocionalmente, a partir desse novo olhar interior de si mesmo. As oportunidades são diárias: é necessário estarmos atentos aos sinais e desbravarmos essas novas possibilidades de relacionamentos.

Frase para reflexão:

*"Sê aquele que afasta as pedras do caminho, o ódio dos corações, as dificuldades de um problema."*

GABRIELA MISTRAL

## ㉟ ARARA ‧ COMUNICAR

A Arara, com suas cores exuberantes, seu bico avantajado e seus gritos chamativos, nos remete à observação do nosso brilho e comunicação internos e de como estamos utilizando esses atributos ao longo do tempo, mesmo diante das situações mais inesperadas que a vida nos apresenta.

As Araras fazem seus ninhos no cume de falésias ou de rochedos íngremes, por isso a caça de Araras é uma verdadeira façanha. Para os Maias, a Arara é um símbolo solar, um avatar do fogo.

A Arara-azul virou símbolo da proteção à natureza no Brasil. Após sua popularização, que se deu pela mobilização à preservação de sua espécie, ela saiu da lista de espécies ameaças de extinção em 2014.

Se ela apareceu hoje em suas cartas é sinal de que você precisa parar para ouvir o Grande Mistério e através de sua comunicação extrassensorial obter os sinais do que deve preservar em sua vida neste momento para alcançar seus objetivos mais essenciais. Por isso, fique com as seguintes perguntas para reflexão:

- Quais relações/hábitos devo preservar em minha vida?

- Como devo me comunicar para alcançar as minhas metas?

- Quais sentimentos, pessoas ou pensamentos devo descartar para alcançar essas metas?

Nosso futuro é feito das escolhas que fazemos hoje. Desta forma, a Arara venceu e preservou a sua espécie a duras penas. Entre nessa luta por você também!

Fiquemos com esse lindo texto do repórter Ed Wanderley, direto da cidade de Miranda/MS (Pantanal), sobre a Arara-azul, para reflexão:

Cheiro de chuva, som de água corrente e pássaros comunicando-se à distância, um verde que samba junto aos olhos, trajando-se de diferentes tons, em cada compasso dançado com a luz de um sol sempre presente e que promove um calor úmido a cozinhar até pensamentos. O pantanal sul-mato-grossense é uma experiência sinestésica. Troca-se cada centena de pombos e ratos, dos cinzas ambientes urbanos, por um volume tão significativo quanto de jacarés, que aqui povoam "ruas" demarcadas apenas por margens de vegetais e pavimentadas, durante boa parte do ano, por rios inteiros. Nesse cenário, distante do imaginário popular do brasileiro comum, por três décadas, biólogos promovem a proteção de uma das mais carismáticas espécies nacionais, que dá cara e cor à luta contra a devastação dos recursos naturais: a Arara-azul.

Frase para reflexão:

*"Viva intensamente em mil cores, porque a vida é um arco-íris que só você pode colorir. Qual a cor da sua alma hoje?"*

LUCIANA MAURUS

## ㊱ **FLAMINGO** ‧ DESPERTAR

O Flamingo, esse grande pássaro rosado que vive em bando, é aquele que conhece a Luz e através da sua elegância encontra a pureza. Ele é o iniciador à Luz, pois surge como um dos símbolos de uma alma em ascensão – das trevas à luz. Antigamente, os egípcios acreditavam que o Flamingo era a personificação de Rá, o Deus do Sol.

A fêmea da espécie costuma ser menor que o macho. O casal constrói o ninho com lama e em formato de um pequeno cone. Ambos cuidam da incubação e dos cuidados com a prole. A fêmea põe apenas um ovo, que é branco, grande e de casca grossa. O Flamingo é um animal monogâmico, permanecendo com um companheiro e acasalando com ele por toda sua vida. Por isso, esse animal representa a força para relacionamentos estáveis e à fidelidade. Além disso, ele também nos desperta para o senso de comunidade e cooperação mútuo.

Por isso, se ele apareceu hoje em suas cartas é sinal de que você está no caminho ascendente de despertar espiritual rumo à sua luz interior, para então compartilhá-la com o mundo. Ele também pode estar advertindo você, com sua forma romântica e extravagante, como equilibrar sua vida ocupada, pedindo que você dê mais atenção aos seus relacionamentos, ou mesmo dando suporte quando alguém próximo a você passa por problemas de relacionamento.

Frase para reflexão:

> *"Aquele que olha para fora, sonha. Mas aquele que olha para dentro, desperta."*
>
> CARL G. JUNG

## ㉟ **PEIXE ‧ MULTIPLICAR**

Podem ser de água doce ou salgada, de cores vibrantes ou monocromáticas, os Peixes são conhecidos como símbolo de vida e fecundidade, devido à sua prodigiosa capacidade de reprodução de ovas. Além disso, quem não conhece a passagem bíblica da multiplicação dos pães e Peixes? Ainda assim, não somente através do Cristianismo, mas também na Cultura Oriental, o Peixe é símbolo de abundância, saúde e prosperidade. Há quem diga que eles controlam a fecundidade do mundo. Você acredita em milagres? Acredite, pois a sua vida é a maior prova de que milagres existem!

Emblema das águas, o Peixe ora escondido nas profundezas do oceano – nosso inconsciente –, ora dormindo no abismo dos lagos – nossas sombras –, ora atravessando os rios – alimentando nossos caminhos –, eles estão sempre presentes em nossa vida, trabalhando nossas emoções através das águas, nos guiando em direção à Consciência Superior que vem à luz da superfície.

Se ele apareceu hoje em suas cartas, é sinal de que sua vida, que já é um grande milagre, tem tudo para prosperar. Basta olhar para as profundezas do seu oceano interno, enfrentar o abismo de suas sombras e se agarrar à Luz que paira na superfície, rumo ao equilíbrio e a paz tão almejados. Através do seu EU SOU você pode multiplicar todas as bênçãos ao seu redor com o próximo. Acredite: todos somos um, mas juntos somos mais fortes! Por isso, não economize no Amor, multiplique-o a tudo e a todos a seu redor, e receberá 70x7 mais. Reverencie o *habitat* que acolheu você: a nossa querida Mãe Terra!

Frase para reflexão:

"*E, tomando ele os cinco pães e os dois peixes, levantou os olhos ao céu e abençoou, partiu os pães e deu-os aos seus discípulos para que os pusessem diante deles. E repartiu os dois peixes por todos.*"

41 MARCOS 6:30-56

## ㊳ GIRAFA ⋅ ELEVAR

A Girafa é o animal mais alto do Reino Animal, podendo chegar a medir até 5 metros. Com seu pescoço tão comprido, chegando aos incríveis 2 metros, ela alcança tudo que precisa para sobreviver. Ainda que com seu jeito desengonçado, por conta de seus longos membros, seu peso é bem distribuído no corpo e seu único momento de vulnerabilidade é quando se abaixa para beber água.

Essa vulnerabilidade da Girafa ao se abaixar nos leva a perceber que, se perdermos a visão e consciência e nos afundarmos na vida carnal, podemos perder nossa conexão espiritual. Em nossa busca pela espiritualidade, devemos sempre nos lembrar que somos seres físicos, não diferentes de qualquer outro, cada qual com seus dons e propósitos divinos.

As Girafas precisam de apenas cerca de 2-4h de sono por dia. Quando dormem, se ajoelham com os pescoços e patas ao redor do corpo. Algumas lendas sugerem que os hábitos de sono das Girafas são ligados a algumas culturas orientais antigas. Desta forma, elas se comunicam muito através da linguagem corporal, ou seja, se ela apareceu no seu jogo, pode estar lhe pedindo que comece atividades físicas associadas à meditação, como por exemplo, Yoga, Pilates ou práticas ayurvédicas.

Ainda que a cabeça desse animal pareça delicada, possui três "chifres", concedendo-lhe a habilidade de dar um forte golpe. Um dos chifres é discreto, escondido sob a pele acima dos olhos. Sua localização é similar ao terceiro olho dos homens, que nos lembra das nossas capacidades de clarividência.

Por isso, se ela surgiu em suas cartas com seu pescoço comprido, é sinal de que você precisa acessar a sabedoria do alto para alcançar rumos e propósitos mais alinhados com sua essência interior. Utilize do poder do silêncio, através de práticas meditativas com o yoga, por exemplo, para acessar essas orientações superiores. Aprenda a ouvir a voz que vem do alto, mas que já está dentro de você.

Frase para reflexão:

*"Pode-se alcançar a sabedoria por três caminhos. O primeiro caminho é o da meditação, que é o mais nobre. O segundo é o da imitação, que é o mais fácil e o menos satisfatório. Em terceiro lugar existe o caminho da experiência, que é o mais difícil."*

CONFÚCIO

## ㊴ **GATO** ᐧ PROTEGER

O contato com o Gato é uma ótima chance de interiorização e sabedoria, posta pelo mistério à disposição do homem. No Egito Antigo, o Gato era adorado na figura da Deusa Bastet, representada comumente com corpo de mulher e cabeça de gata. Esta bela deusa era o símbolo da luz, do calor e da energia. Era também o símbolo da Lua e acreditava-se que tinha o poder de fertilizar a terra e os homens, curar doenças e conduzir as almas dos mortos. Nesta época, os Gatos eram considerados guardiões do outro mundo, e eram comuns em muitos amuletos. O Gato negro até hoje desempenha um importante papel na bruxaria com o objetivo de limpar, proteger e transmutar energias negativas. Segundo algumas crenças, ele era dotado de nove vidas e associado aos ritos sagrados, a superstição, ao mistério e a magia.

O Gato traz a energia do recolhimento, da entrega, da solitude, da autonomia, do refinamento, da sexualidade e da proteção. É um dos animais mais limpos e higiênicos de toda natureza. Com suas longas horas e diferentes posições de sono e seus gostosos espreguiçamentos, o Gato nos ensina várias posições da ioga. Ensina-nos a nos entregarmos ao sono de forma total, diluindo todas as nossas preocupações no Cosmos. Espreguiçar-se com a massagem mais completa em todos os músculos, preparando-os para a ação imediata. Possui uma forte capacidade de lutar quando está encurralado, de ver o invisível e um olhar de confiança.

O Gato é um animal que possui cristal de quartzo na glândula pineal, portanto, é um transmutador natural de energias negativas. É um animal útil para cura, pois capta a energia negativa do ambiente transformando-a em energia positiva. Para os que possuem Gatos, sabem que eles costumam se deitar nas partes do corpo ou no ambiente que mais precisam de energia. Desta forma, essas trocas energéticas possuem uma ação "adstringente", limpando as pessoas e os ambientes onde eles se encontram. Se o Gato saltou hoje em suas cartas, ele está alertando-o a prestar mais atenção em sua proteção espiritual. O que você anda fazendo para manter o ambiente do seu lar protegido? Como sabemos, tudo é energia, por isso a medicina do Gato vem nos alertar para essa necessidade básica da proteção do nosso ambiente e do nosso campo áurico.[31] Uma mudança de hábitos é necessária para que você mantenha sua energia em harmonia. Desta forma, avalie primeiramente como anda sua base alimentar e de saúde física. Depois, faça uma análise criteriosa sobre seu campo mental (pensamentos) e campo emocional (sentimentos). E, por último, o seu campo energético e espiritual. Esse escaneamento o fará perceber as portas que está deixando aberta e que estão lhe drenando energia vital. Não postergue mais esse autocuidado que seu corpo e seu ambiente vêm pedindo. Faça já uma desintoxicação através de simples mudanças de hábitos e mantenha-se protegida.

Frase para reflexão:

*"Ambiente limpo não é o que mais se limpa e sim o que menos se suja."*

CHICO XAVIER

---

[31] O campo áurico, ou apenas aura, é um campo de energia que envolve os seres ou os objetos. A aura humana é vista através da percepção parapsíquica dos clarividentes como um campo luminoso, de forma ovalada, que envolve todo o ser.

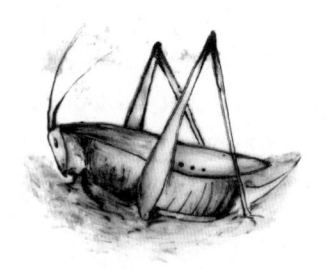

## ㊵ GAFANHOTO · ANUNCIAR

Os Gafanhotos são insetos elegantes, compridos e graciosos, com poderosas pernas traseiras e asas coloridas e brilhantes, que quase sempre são presas fáceis aos seus predadores. Possuem três pares de patas, todas usadas para andar. Suas pernas traseiras musculosas também são usadas para saltar e alçar seus voos. Desta forma, ele permeia muito facilmente entre céu e terra funcionando como um anunciador dos campos superiores aqui na Terra, pedindo-nos um salto de fé.

O Gafanhoto-migratório se tornou objeto de muitos cultos e feitiços no Egito antigo, estando presente até mesmo nos hieróglifos. Na Antiga Grécia, o Gafanhoto era símbolo de enormes saltos de fé, pulos de progresso e de dinâmicas consistentes. É nos sonhos que nosso inconsciente se manifesta através de viagens astrais, quando nossa alma deixa o corpo durante o sono, mas se mantém conectada a ele por um fio de prata. Essas viagens astrais permitem que saltemos como Gafanhotos através do tempo e do espaço, onde os verdadeiros mistérios da vida existem. Um sonho que se tem à noite é sempre uma carta expedida pelo seu Eu Superior que se expande, ou seja, o redator dessa carta é o seu Self livre do ego.

Por isso, se ele saltou hoje em suas cartas, ele está pedindo que você dê um salto de fé. Você deve seguir adiante mesmo sem saber o que acontecerá no fim. Pode ser algo que você tem evitado fazer e é parte de uma mudança de larga escala em sua direção. Essa mudança pode ser um ajuste em um relacionamento, um avanço na carreira ou uma transição em si mesma. Lembre-se de que você tem a sabedoria necessária para passar por quaisquer obstáculos de uma forma eficiente.

Frase para reflexão:

*"A vida anuncia que renuncia a morte ou a morte anuncia que renuncia à vida?"*

FRANCIS IACONA

## ㊶ ABELHA · POLINIZAR

A medicina da Abelha é a da comunicação e da organização. Ela atua no fortalecimento e harmonização de comunidades e grupos de trabalho. Elas trabalham engenhosamente em equipe e transformam o pólen nesse líquido viscoso dourado que é o mel, que tem um poder misterioso e curativo por ser um antibactericida natural desde os tempos do Antigo Egito. Para muitas culturas essa produção do mel está associada também à sexualidade e às doçuras e prazeres da vida, e é por isso considerado um potente afrodisíaco natural. Simboliza a honra à Grande Mãe – Abelha Rainha – e louva a Mãe Terra. A comunicação entre as Abelhas é excelente, portanto, deve-se evocá-las quando precisar comunicar suas ideias e opiniões, realizar apresentações, palestras etc.

Como operárias da colmeia, elas asseguram a perpetuidade da espécie. Isso basta para lhe conferir um elevado alcance espiritual ao seu simbolismo. No entanto, quando consideradas individualmente, na qualidade de animadoras do universo entre a terra e o céu, podem também simbolizar seu princípio vital, materializar a alma. Neste duplo aspecto – coletivo e individual, temporal e espiritual – é que consiste a riqueza de seu complexo simbólico por toda parte em que é testemunhado.

Seja como a Abelha que pousa de flor em flor polinizando as sementes para que gerem frutos. Se ela pousou hoje em seu jogo, é sinal de que você precisa analisar melhor como está sua comunicação nos relacionamentos e como você os tem nutrido para que gerem frutos positivos.

Frase para reflexão:

*"É tempo de cuidar da semente.
O Amor quer brotar."*

RÚBIA DANTÉS

# (42) JOANINHA › SURPREENDER

A Joaninha tem sua fase de desenvolvimento semelhante à da borboleta (ovo, larva, pupa e adulto). Em sua fase adulta, ela apresenta cabeça pequena com antenas curtas, seis patas e asas bem desenvolvidas para alçar seus voos, que quando paradas ficam guardadas abaixo de sua carapaça vistosa, podendo variar de cor de acordo com a espécie, normalmente vermelha, verde, amarelo, dentre outras cores. Ela alimenta-se de ovos e larvas de outros insetos, e por isso tem um papel regulador no ecossistema, agindo no controle biológico e contribuindo, assim, na proteção à diversidade e na fertilidade do solo.

Quem nunca se deparou com uma Joaninha pousando em sua mão inesperada e despretensiosamente? Reza a lenda que nos tempos medievais, plantações estavam sendo devastadas por insetos e estes, através de suas rezas e crenças, pediram ajuda a seus deuses. Pouco tempo depois houve uma chuva de Joaninhas que impediram que as plantações fossem devastadas pelos parasitas. Por isso, ela é considerada uma ferrenha mensageira do Divino. Caso ela pouse no seu jogo, fique de olho no que você precisa banir da sua vida para encontrar a verdadeira felicidade. Pouse junto a pessoas que lhe inspiram, que o incentivem e que torcem pelo seu sucesso e felicidade.

A aparição da Joaninha também indica um momento de sorte, no qual seus desejos começarão a ser realizados. Preocupações se dissiparão, por isso, deixe que as coisas fluam naturalmente e, quando menos esperar, irá surpreender-se com as novidades que surgirão em seu caminho. Acredite, pois, no devido tempo, seus desejos se tornarão realidade.

Frase para reflexão:

*"Faz como a Joaninha: voa, voa, para perto de gente boa."*

JONI BALTAR

## ㊸ **BESOURO** ⋅ ETERNIZAR

O Besouro, que também é conhecido como escaravelho, é considerado um dos símbolos mais frequentes e reverenciados do Egito. Quem nunca se deparou com um besouro desenfreado em sua frente? Ou mesmo com um deles parado com sua forma meio "alienígena" de ser? Eles são classificados como coleópteros, assim como as joaninhas. A ordem *Coleoptera* possui o maior número de espécies dentre todos os seres vivos — em torno de 350 mil.

"*Coleoptera*" é uma palavra de origem grega, unindo *koleos-* (estojo) e *-pteron* (asas) que, em tradução livre, significa 'estojo de asa'. Esse nome é explicado através da morfologia desses animais: o par de asas anteriores (externo) funciona como uma capa rígida visando proteção. O outro par de asas, posteriores e internas às asas rígidas, é mais delicado, membranoso, e serve para voar. Há uma vasta pesquisa sobre sua morfologia interna e externa que é realmente de surpreender!

Ele tem um duplo simbolismo: com as asas recolhidas é o discípulo, a vida que ainda não foi capaz de florescer, que começa sua jornada esforçando-se para ir pouco a pouco esticando suas patas até que se mova rapidamente e, então, aquela massa pesada ligada à areia, aquele animal que rastejava deixando suas marcas como se fossem garras no chão, sobe e voa em direção ao Sol, sendo agora Kepher[32] – o Sol Nascente, o símbolo do iniciado e do mestre, relacionado à Ámon[33], o Deus Egípcio do Oculto, relacionado ao Sol.

Por ser a maior população de espécies do planeta, os *Coleoptera* correspondem a cerca de 40% dos insetos descritos até hoje. Por isso, eles são encontrados em quase todos os ambientes, incluindo cidades, ambientes aquáticos, costeiros e de desertos. A exceção é que não estão em lugares de altitudes muito elevadas ou temperaturas muito baixas, como os polos.

Sua infinidade de espécies – equivalente a 30% de todos os animais da Terra – e, também, considerando o tempo que habita o planeta – cerca de 200 milhões de anos –, o Besouro nos remete ao sentido da eternidade. Lembre-se de que ele é um animal solar e que o Sol ilumina tudo à sua volta, mas também nasce e se põe diariamente. Por isso, se ele pousou em seu jogo hoje, transcenda os limites do tempo e solte o controle de tudo, mesmo que por segundos, para entender no âmago de seu ser o verdadeiro sentido da eternidade. O Besouro também o adverte para o sentido da evolução perante sua linha do tempo – a herança de si mesmo – e o alerta para a necessidade de transformar-se de discípulo a mestre de si mesmo.

Frase para reflexão:

> *"Você vive hoje uma vida que gostaria de viver por toda a eternidade?"*
>
> FRIEDRICH NIETZSCHE

---

[32] O Sol Nascente, símbolo do iniciado e do mestre, relacionado à Ámon.
[33] Deus Egípcio do Oculto relacionado ao Sol.

## 44 TAMANDUÁ-BANDEIRA · FAREJAR

O Tamanduá-bandeira é um animal símbolo de nosso país. Ele pode ser encontrado em todos os biomas brasileiros, desde a Amazônia até o Cerrado, porém é um dos animais na lista de risco de extinção. Ele tem uma forte conexão com a terra, sempre investigando seus buracos para encontrar insetos para se alimentar, como as formigas, uma de suas refeições prediletas. Uma das curiosidades e seu respeito é que ele é banguela e captura suas presas, com sua língua comprida e grudenta, nas casas dos insetos. Sua língua pode chegar a um metro de comprimento e ele chega a capturar mais de 30 mil insetos por dia. Por isso, tem um faro apurado e sempre muito atento a qualquer sinal de perigo.

No entanto, ele não costuma atacar, mas sabe se defender muito bem, ou seja, é sempre muito precavido. Percebe facilmente quando há algo ameaçador lhe rondando e prefere sair de fininho a partir para o ataque, evitando assim os conflitos. E você, como tem reagido aos desafios que lhe são apresentados no caminho da vida? Se ele apareceu hoje em suas cartas, é sinal de que você precisa esmiuçar melhor uma situação que esteja enfrentando neste momento de sua vida. Você deve examinar bem cada detalhe de tal situação para encontrar uma forma cuidadosa de sair dela. Caso sinta-se encurralado, use seu faro apurado para farejar a melhor saída, pois sempre há luz no final do túnel.

Frase para reflexão:

> *"Não existem detectores para hipocrisia e falsidade. Existe a observação e o faro apurado!"*
>
> SAMUEL RANNER

## ㊺ CONDOR ⟩ TRANSCENDER

Segundo todas as mitologias[34] da Cordilheira dos Andes, o Condor intervém como um avatar do Sol. O caminho espiritual que o Condor nos abre, proporciona o despertar do seu xamã (curador) interno, a sabedoria e a visão da Direção Leste. Voando nas asas do Condor poderemos observar nossas negatividades e nossos níveis energéticos mais densos, para então termos consciência do mundo de cima, o mundo dos espíritos. Para os xamãs andinos, o Condor apenas aparece para aquelas pessoas que realmente possuem o desejo latente de libertarem-se de suas sombras, para então visualizarem a luz.

Segundo o xamã Akaiê Sramana, a "Visão do Condor" é uma jornada xamânica[35] profunda de resgate ancestral. A pessoa, para alcançar tal visão, precisará primeiro passar pela experiência de se transformar verdadeiramente em um Condor, assumir suas características, forma física, habitar moradas montanhosas, viver em ninhos rochosos, voar nas alturas e, o mais importante, alimentar-se de sua própria sombra, para então se elevar a Hananpacha, que em quéchua significa "Mundo dos Espíritos".

---

[34] Pode referir-se tanto ao estudo de mitos como a um conjunto de mitos. Por exemplo, mitologia comparada é o estudo das conexões entre os mitos de diferentes culturas, ao passo que mitologia grega é o conjunto de mitos originários da Grécia Antiga.

[35] Ritual em busca de cura espiritual.

Sendo assim, se ele voou para suas cartas hoje, significa que você precisa transcender a visão mundana e material para alcançar a visão espiritual em sua vida. Mas, isso só será possível quando você tomar consciência de suas atitudes no presente, onde a proteção ao meio-ambiente será o ponto de partida e também o divisor de águas para essa grande mudança de consciência que o Condor vem lhe pedir.

Frase para reflexão:

*"Aquilo que não puderes controlar, não ordenes."*

SÓCRATES

## ㊻ GALINHA ⋅ MOVER

Quem nunca se questionou sobre essa pergunta capciosa: "Quem vem primeiro, o ovo ou a Galinha?" Pois é, já por essa indagação é possível se observar a natureza sagrada desse animal. No entanto, uma nova descoberta científica aponta que a Galinha veio primeiro. Segundo os cientistas, a formação da casca do ovo depende de uma proteína que só é encontrada nos ovários deste tipo de ave. Portanto, o ovo só existiu depois que surgiu a primeira Galinha.

Assim como as mulheres, a Galinha não depende do galo para produzir seus ovos, porém a participação do macho é indispensável para que ocorra a fertilização deles e a perpetuação da espécie. O macho é o fornecedor de espermatozoides que precisam se fundir com os óvulos da fêmea para que haja a fecundação.

Ovular e chocar os ovos é uma experiência feminina e extremamente recompensadora, que requer planejamento, dedicação, flexibilidade e habilidades de observação. Os ovos têm um período de incubação de 21 dias e, normalmente, são chocados em condições muito bem monitoradas por uma Galinha. Analogamente a isso, na década de 1950, o doutor e cirurgião Maxwell Maltz percebeu um padrão de comportamento muito comum em seus pacientes e criou a Teoria dos 21 dias, onde observou que o ser humano precisa de, no mínimo, 21 dias constantes para mudar um hábito.

Por tudo isso, a Galinha está diretamente ligada ao arquétipo da Mãe, sendo, portanto, um símbolo de prosperidade, fartura, de força e potência do feminino em nós, independente de gêneros. Se a Galinha ciscou hoje em suas cartas, isso pode ser sinal de que você precisa rever alguns hábitos em busca de mais qualidade de vida e incluir os prazeres no seu dia a dia. Ela também nos faz refletir sobre a importância da vida em família, já que vive rodeada por seus pintinhos. Além disso, se alimentam basicamente de milho, que também é um símbolo forte de abundância e fartura. Por isso, reflita e resgate o que mais precisa em seu dia a dia e nos pequenos gestos, a fim de ter uma vida mais abundante e feliz. Reflita também como anda sua forma de mover-se no mundo. Que tipo de reação você provoca nas pessoas à sua volta. Como você se desloca no mundo material? Há espaço e movimento para o mundo espiritual ou você fica apenas ciscando para baixo, como faz a Galinha? Reflita e, se preciso for, mude um hábito só por hoje e, amanhã, estará fazendo diferente.

Frase para reflexão:

*"Nada é mais forte que o hábito."*

OVÍDIO

## ㊼ **CERVO** ‧ ENERGIZAR

O Cervo nos remete a Árvore da Vida com sua alta galhada, que se renova periodicamente e funcionam como antenas de conexão com os mundos superiores. Nos mistérios wiccanianos,[36] o deus é Cornífero, o deus da floresta, apresentado com chifres de um Cervo, representando a natureza indomável de tudo o que é livre. Em algumas tradições ele surgirá como mediador entre o céu e a terra, como o símbolo do nascer do sol. Por isso, ele representa a sabedoria do masculino e é também um animal muito veloz. É muitas vezes temido por outras espécies, mas de espírito destemido. Evoque-o para ativar em você as virtudes do sagrado masculino, como a força e as reservas de energia para seguir em frente. Ele possui uma curiosa energia guerreira e sabe honrar, valorizar e nutrir as amizades de jornada.

Com seu vigor e sua prontidão no agir, o Cervo salta na frente de seu adversário ou predador, despistando-o com facilidade. Sua agilidade

---

[36] Religião natural, ou culto às bruxas, é uma religião neopagã (ou pagã moderno) influenciada por crenças pagãs antigas (ou crenças pré-cristãs europeias), ou seja, crenças e práticas ritualísticas da Europa ocidental anteriores ao aparecimento do cristianismo, que afirmam a existência do sobrenatural (como a magia) e os princípios físicos e espirituais femininos e masculinos que interagem com a natureza, e que celebra os ciclos da vida e as festividades sazonais conhecidos como sabás (ou calendário Roda do Ano), os quais ocorrem, normalmente, oito vezes por ano. Esta prática quase desapareceu por completo durante o período da Idade Média.

funciona como defesa justamente por sua capacidade de ir mais longe e mais rápido do que seus inimigos, utilizando ao máximo suas reservas de energia com determinação. No entanto, sua energia só aumentará se você for capaz de manter a disciplina e o ritmo em sua vida.

Se ele surgiu hoje em suas cartas, isso pode ser sinal que você precisa avaliar como andam suas baterias. Se estiver estressado e trabalhando demais, peça ao Cervo que lhe dê energia extra. Você também pode pedir ajuda externa de um amigo de jornada, caso não esteja conseguindo sair sozinho da situação em que se encontra. O importante é buscar sempre o equilíbrio em todas as áreas da sua vida.

Frase para reflexão:

*"A força não provém da capacidade física.*
*Provém de uma vontade indomável."*

MAHATMA GANDHI

## ㊽ DONINHA ‣ OBSERVAR

Sua medicina inclui a invisibilidade, a astúcia, habilidades de caça, inteligência, engenhosidade, vingança, observação afiada, capacidade de ver razões escondidas por trás das coisas. Hábeis caçadores de túnel, acredita-se que elas foram utilizadas pelos egípcios, bem como por agricultores e marinheiros para se livrarem de roedores em celeiros e navios. Fontes arqueológicas e históricas sugerem que tenham sido domesticadas com seus parceiros furões há pelo menos 2500 anos. São animais crepusculares, ou seja, mais ativos no horário do amanhecer e do pôr-do-sol.

São animais alegres, brincalhões, com curiosidade equivalente à de guaxinins e a amabilidade de um gatinho. Elas também são oportunistas, rápidas para tirar vantagem, pegando qualquer coisa que possam arrastar para um lugar seguro e escondido para ser usado em um momento posterior. Inteligente e astuciosa, mostra-nos como usar nossa criatividade para construir um refúgio seguro para nós mesmos, bem como estocar as coisas que podem ser necessárias, estando, assim, sempre prontos para qualquer situação que possa vir a existir. É um bom aliado para se ter ao lado em situações difíceis.

Se ela surgiu em seu jogo, talvez você precise se mover com mais velocidade em alguma área de sua vida. Talvez você esteja fechando os olhos para algumas situações devido aos padrões de pensamentos inflexíveis que não lhe permitem ver o quadro maior. Você tem um lugar isolado, seguro para si mesmo? Entra em seu próprio caminho com seu poder de observação? Com esse poder de observação interior a Doninha pode ajudá-lo a descobrir uma parte oculta de si mesmo.

Frase para reflexão:

*"Fale pouco, leia muito e observe tudo."*

Autor Desconhecido

## ㊾ ONÇA-PINTADA ‧ CONFIAR

A Onça-pintada é o maior felino das Américas. Espécie emblemática das matas brasileiras, a Onça-pintada é considerada a rainha das florestas brasileiras, assim como o Leão é considerado o rei da floresta para os povos do continente africano. Desta forma, segundo os Povos da Terra, ela ganhou o título de animal totem[37] do Brasil.

Por estar no topo da cadeia alimentar e necessitar de grandes áreas preservadas para sobreviver, esse animal, ao mesmo tempo, temido e admirado, que habita o imaginário das pessoas, é um indicador de qualidade ambiental. A ocorrência desses felinos em uma região indica que ele ainda oferece boas condições que permitam sua sobrevivência e, assim, podem utilizar seu poder, a confiança para proteger o próprio território e sua capacidade de se orientar pelos próprios instintos. Assim como todos os felinos, as onças-pintadas caçam suas presas durante o dia sendo, portanto, animais solares.

A coragem faz dela uma grande desbravadora das matas e uma predadora implacável. Suas presas naturais são animais silvestres como catetos, capivaras, jacarés, queixadas, veados e tatus. Possui pelagem amarelo-dou-

---

[37] Animal, planta ou objeto que serve como símbolo sagrado de um grupo social (clã, tribo) e é considerado como seu ancestral ou divindade protetora.

rada, com pintas pretas na cabeça, pescoço e patas. Tal fato nos remete a luz e sombra, ou seja, ela nos permite observar os mistérios da Terra.

Se ela saltou hoje em suas cartas, é sinal de que você precisa confiar mais em seus instintos, ou seja, no seu sexto sentido com coragem e determinação. Aproveite a energia de força e coragem da Onça-pintada para recarregar suas baterias internas e seguir firme sua intuição na situação de vida que esteja enfrentando.

Frase para reflexão:

*"A confiança é ato de fé e esta dispensa raciocínio."*

CARLOS DRUMMOND DE ANDRADE

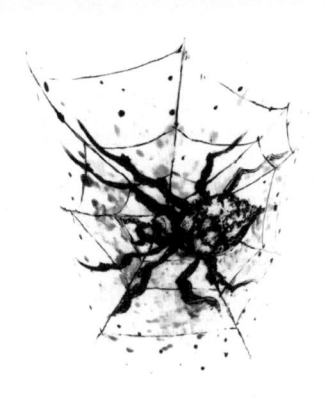

## ㊿ **ARANHA** ‧ TECER

A Aranha surge, em primeiro lugar, como epifania lunar, dedicada à fiação e tecelagem. É, portanto, a manifestação da energia feminina, da força criadora, como tecelã do destino, criando belos desenhos da vida, ou seja, um animal que traz a potência da criatividade (cria - vida). Ela também é a Guardiã da Teia dos Sonhos. Em geral, nós a associamos, mesmo que de forma inconsciente, a tecedura e significado dos filtros dos sonhos que são comumente elaborados pelas mãos das mulheres à semelhança de suas teias.

A criatividade da Aranha também fica evidenciada em sua forma de reprodução, quando da ovoposição generosa, quando uma fêmea pode gerar até 3.000 ovos de uma só vez. Os machos são conhecidos por uma variedade de complexos rituais de acasalamento, em geral destinados a evitar serem confundidos pelas fêmeas como presas e, consequentemente, serem atacados por elas. Os padrões de vibrações na teia fazem parte desses rituais, enquanto padrões de toque em diferentes partes do corpo da fêmea são importantes para muitas Aranhas que caçam, pois podem "hipnotizar" a fêmea. Gestos e danças do macho são importantes para as Aranhas saltadoras, que possuem uma excelente visão. Se a corte for bem--sucedida, o macho injeta o esperma na abertura genital da fêmea. Toda essa engenhosidade sexual nos remete às relações sexuais.

A Aranha possui oito patas e seu corpo tem o desenho de um oito, o que simboliza as infinitas possibilidades da criação. Representa também os quatro ventos da mudança e as quatro direções da Roda de Cura, segundo o xamanismo.[38] Ao nos remetermos ao centro dessa roda, encontramos a potência realizadora do homem intuitivo e meditativo. Essa Interioridade evocada pela aranha no centro da teia é um excelente símbolo de introversão e até do narcisismo,[39] a absorção do ser pelo próprio centro.

Se a Aranha apareceu na teia de seu jogo hoje, pode ser sinal de que você precisa observar mais a sua teia de seus relacionamentos. Pode ser que suas relações estejam lhe exigindo maior atenção neste momento para que possam gerar mais frutos, sejam eles um filho(a), um projeto, uma obra, um cumprimento, um prazer ou, simplesmente, uma boa companhia para uma prosa com um chá ou um café da tarde. Contudo, a mensagem mais importante da Aranha é que você continue a tecer o fio de sua vida confiando na grandeza dos planos do Criador.

Frase para reflexão:

*"A linha que se borda sonhos é a mesma que costura a vida."*

EDNA FRIGATO

---

[38] É conjunto de manifestações, ritos e práticas culturais presentes em inúmeras sociedades humanas e centralizadas na figura do xamã, que tem seu papel de intermediação entre a realidade e a dimensão sobrenatural, em que faz uso de seus poderes mágicos e curativos que lhe são natos.

[39] É um conceito da psicanálise que define o indivíduo que admira exageradamente a sua própria imagem e nutre uma paixão excessiva por si mesmo. O termo é derivado de Narciso, que segundo a mitologia grega, era um belo jovem que despertou o amor da ninfa Eco. Mas Narciso rejeitou esse amor e por isso foi condenado a apaixonar-se pela sua própria imagem refletida na água. Narciso acabou cometendo suicídio por afogamento. Posteriormente, a mãe Terra o converteu em uma flor (narciso).

# REFERÊNCIAS BIBLIOGRÁFICAS

CHAVALIER, J e GHEERBRANT, A. (1906) **Dicionário de Símbolos: Mitos, Sonhos, Costumes, Gestos, Formas, Figuras, Cores, Números**. 33ª Ed., Editora José Olympio, Rio de Janeiro, 2019.

SAMS, J. e CARSON, D. (1951) **Cartas Xamânicas: A Descoberta do Poder através da Energia dos Animais**. Editora Rocco, Rio de Janeiro, 2017.

ANGWIN, R. (1994) **Cavalgando o Dragão – O mito e a jornada interior**. Editora Cultrix, São Paulo, 1996.

# SOBRE A AUTORA E ILUSTRADORA

Luciana Juhas Maurus é Arquiteta Urbanista formada pela Universidade Presbiteriana Mackenzie/SP e pós-graduada em Arteterapia pelo Instituto Freedom. Sua relação com o mundo artístico vem desde a infância, quando aos 10 anos, iniciou a prática da técnica de pintura em porcelana. Desde então, estreitou cada vez mais sua relação com a arte. Nos últimos anos, tem utilizado a Arte, as Terapias Integrativas e a reconexão com Natureza em processos terapêuticos com seus pacientes, alunos e todas as pessoas com as quais se relaciona. Foi por meio do trabalho com a pintura em porcelana, que surgiram as ilustrações apresentadas neste trabalho.